Dieses Buch ist all denjenigen gewidmet, die Haltung zeigen, die Haltung suchen, und denjenigen, die mich in ihrer Haltung begleiten.

Martin Seiler (Hrsg.)

ICH BIN, WEIL WIR SIND

Warum Haltung das Miteinander stärkt

In diesem Buch wird mit Doppelpunkt gegendert. Um der Vielfalt der Autor:innen und Interviewpartner:innen gerecht zu werden, haben wir jedoch allen Beitragenden die Freiheit gelassen, ob und wie sie persönlich gendern möchten.

ES MACHT SINN, AN DEN EIGENEN HALTUNGEN ZU ARBEITEN UND SIE SELBSTKRITISCH WEITERZUENTWICKELN.

PROF. DR. DR. H.C. MULT. RITA SÜSSMUTH
war von 1988 bis 1998 Präsidentin des Deutschen Bundestags und zuvor
Bundesministerin für Jugend, Familie, Frauen und Gesundheit. Seit ihrem
Ausscheiden aus dem Bundestag 2002 engagiert sie sich in zahlreichen
Institutionen und Projekten.

IM WIDERSPRUCH BEREICHERUNG FINDEN

Dieses Buch macht sichtbar, dass suchendes Denken, Austausch und Dialog lebensnotwendig sind.
Ein Vorwort von Prof. Dr. Dr. h.c. mult. Rita Süssmuth

Ein Buch mit überraschenden Gedanken und Texten, die unser eingefahrenes Denken für den unterschiedlichen Umgang mit Haltung(en) öffnen: Dieser Sammelband lädt ein zum Lesen, Entdecken und Verstehen unserer eigenen Existenz und die des anderen. Der Schlüsselbegriff „Ubuntu" – zu Deutsch etwa „Ich bin, weil du bist" oder „Ich existiere nur, weil du existierst" – hat den Charakter eines Leitsatzes und ermöglicht Zuversicht in Singularität und gleichzeitiger Verbundenheit.

Diese auf eine bestimmte Weise neu zu entdeckende Verbundenheit, oft Zusammenhalt genannt, hat Befreiendes und Verbindliches zugleich. Sie geht nicht von fixen ethischen Erwartungen und gesetzten normativen Kodizes oder allgemein Akzeptiertem aus. Die schöpferische Freiheit wird trotz all ihrer Risiken der Polarisierung genutzt zu positiv konstruktivem Denken und Handeln.

Bedacht wird die kognitive wie auch die sozialemotionale Kompetenz von Menschen, die so häufig in die Sphäre der Hybris, der Selbstüberschätzung Einzelner, entgleitet. Die Leserschaft erfährt immer wieder den anderen – das schafft wechselseitigen Zusammenhalt. Diesen brauchen wir als individuelle und gesellschaftliche Wesen, er ist verknüpft mit spontaner und gemeinschaftlich vereinbarter Sorge füreinander. Die Pandemie hat beides gezeigt: große Hilfsbereitschaft und Solidarität, aber auch Ich-Zentriertheit und Selbstüberhöhung, eine Ablehnung der Abhängigkeit und des Füreinandereintretens.

Dennoch: Die in diesem Band gesammelten Texte lassen menschliche Eigenarten und Denkweisen in ihrer Begrenzung und Vielfalt zu. Uns begegnet das Dennoch in der Vielfalt, wir erfahren von neuen Ideen zur Problemlösung von Jungen und Älteren, von Menschen mit und ohne Migrationshintergrund, die immer wieder zu Tatkraft, Innovation und Reflexion, Anderssein und Zugehörigkeit ermutigen. Es geht um Veränderungen – notwendige, erwünschte und beglückende.

Erstaunlich, was in den Menschen schlummert und darauf wartet, entdeckt, anerkannt und genutzt zu werden. Die erfrischenden Beiträge dieses Buches machen sichtbar, wie bereichernd Widersprüche und Widerstände sein können. Wir lernen erneut, dass suchendes Denken, Austausch und Dialog lebensnotwendig sind, Spaß machen und Lebensfreude schenken. Haltungen begegnen uns in diesem Sammelband in Form von Positionierungen, spontan und organisiert in Gruppen, die sich der Sinnlosigkeit von Ohnmacht und Geringschätzung entgegenstellen.

Es macht Sinn, an den eigenen Haltungen zu arbeiten und sie selbstkritisch weiterzuentwickeln, ohne die anderen zu marginalisieren. Es geht darum, solidarisch zusammenzuleben. Entscheidend dabei bleiben: Offenheit für sich selbst und den anderen, Suchen und Finden des Verbindlichen und Erweiternden. Vermeidung von Hybris, stattdessen Stärkung des Einzelnen, Austausch mit anderen. Erhalt und Erneuerung von Verbundenheit. **X**

INHALT

ENGAGEMENT

VERANTWORTUNG

BEGEGNUNG

Haltung, Duden:

Innere [Grund]einstellung,
die jemandes Denken
und Handeln prägt.

Quellen:

Stangl, W. (2021), **ONLINE LEXIKON FÜR PSYCHOLOGIE UND PÄDAGOGIK**, Stichwort,
„confirmation bias", https://lexikon.stangl.eu/10640/confirmation-bias-
bestaetigungsfehler-bestaetigungstendenz (Zugriff am 08.07.2021)

Tali Sharot, **FACTS DON'T WIN FIGHTS: HERE'S HOW TO CUT THROUGH CONFIRMATION BIAS**,
Big Think 19.09.2017 https://youtu.be/kyioZODhKbE (Zugriff am 08.07.2021)

PODCAST "RABBIT HOLE", The New York Times Company, https://bit.ly/3wvNtcu

Anja Reschke, Philipp Wüschner im Gespräche mit Stephanie Rohde,
„WAS HEISST HALTUNG ZEIGEN", Deutschlandfunkkultur,
Sein und Streit - Das Philosophiemagazin, 12.01.2020

https://blog.hubspot.de/marketing/social-media-marketing-trends
(Zugriff am 09.07.2021)

Michàlle Mor Barak (2015), **MANAGING DIVERSITY: TOWARD A GLOBALLY INCLUSIVE
WORKPLACE,** Edition 10/16, SAGE Publications

EINE FRAGE DER HALTUNG

Von Martin Seiler

Das Wochenende um den 22. Februar 2020 wird mir im Gedächtnis bleiben. In der Nacht von Samstag auf Sonntag wurde am Brenner ein Zug angehalten, weil man darin an Covid-19 erkrankte Personen vermutete. Italien riegelte erste Dörfer ab. Noch am Sonntagnachmittag haben wir bei der Deutschen Bahn entschieden, den großen Krisenstab einzuberufen. In den Wochen davor hatten die meisten von uns noch erstaunt nach China geblickt und in Videos auf YouTube beobachtet, wie dort legoartig Krankenhäuser aufgebaut wurden. Das Coronavirus war für uns ein weit entferntes, vorübergehendes Phänomen. Selbstverständlich haben wir auch den Beschäftigten unseres Konzerns in China jede mögliche Hilfe zuteilwerden lassen und dies in einem kleinen Krisenstab koordiniert.

Im Laufe der folgenden Wochen und Monate entwickelte sich bei mir die Idee zu diesem Buch. Wir konnten in der Zeit der Pandemie einige Veränderungen beobachten: Die Coronakrise hat uns beispielsweise gegenseitige Einblicke in unsere Privatleben gegeben – wegen der vielen Videokonferenzen kennen wir nun die Partner:innen, die Kinder, die Wohnzimmer und die Haustiere vieler Kolleg:innen. Unsere privaten und beruflichen Rollen werden sichtbarer, damit geht hoffentlich auch ein größeres Verständnis füreinander einher.

1. Haltung allein ist zu wenig

Neben vielen Beispielen der Solidarität und gegenseitiger Hilfe waren jedoch auch andere Entwicklungen zu erkennen. Sowohl gesellschaftlich als auch in Unternehmen konnten wir verstärkt Zeichen der Spaltung beobachten. Die Coronakrise hat damit wie unter dem Brennglas gesellschaftliche Veränderungen sichtbar gemacht, die wir bis dahin eher in anderen Ländern wahrgenommen hatten.

Viele, die den US-amerikanischen Wahlkampf beobachtet haben, haben sich vermutlich gefragt, wie es passieren konnte, dass ein Land vor unseren Augen eine Spaltung erfährt in zwei Gruppen, zwischen denen kaum ▸▸

noch Kommunikation oder Interaktion möglich zu sein scheint. Mich beschäftigt diese Frage seit Langem und die Coronakrise hat sie nun ganz weit oben auf unsere gesellschaftliche Agenda gehoben.

Weiterhin ändert sich auch die Rolle von Konzernen in der gesellschaftlichen Debatte. Es gibt ein neues Bewusstsein, das aus der Krise erwachsen ist. Diese Entwicklung möchte ich gern am Beispiel Vielfalt deutlich machen. Noch vor wenigen Jahren haben Konzerne Themen überwiegend danach gesetzt, was ihnen wirtschaftlichen Erfolg einbringt. Damit war ein Argument für Vielfalt beispielsweise, dass innovative Teams erfolgreicher sind und somit zur höheren Produktivität eines Unternehmens beitragen. Heute spielt dagegen auch die Positionierung oder Haltung eines Konzerns eine wichtige Rolle. Für welche Themen steht ein Unternehmen, welche Werte verkörpert es und zu welchen Fragen bezieht es öffentlich Stellung? Mit Blick auf das Thema Vielfalt geht es beispielsweise darum, ob ein Unternehmen sich deutlich positioniert gegen Rassismus und für Toleranz und die Menschenrechte. Damit gilt es für Unternehmen, nicht nur wirtschaftlich zu entscheiden, sondern auch eine Haltung zu Themen zu haben und für diese einzustehen. Es geht also nicht mehr allein um den „Business Case", sondern auch um einen Wertekompass.

Ein konkretes Beispiel ist uns in der Deutschen Bahn kürzlich in einer harten Tarifauseinandersetzung begegnet. Dabei ging es – auch für mich persönlich – um die Frage: Wie verhält man sich bei direkten Angriffen und Bedrohungen, wie geht man mit Lügen um? Ich glaube, eine optimale Lösung dazu gibt es nicht. Aus meiner Sicht sind jedoch Sachlichkeit und Dialogbereitschaft wichtig. Im Diskurs zu bleiben heißt für mich auch, Dinge hinter sich zu lassen und einen neuen Gesprächsansatz finden zu können.

Eine Ausnahme bildet dabei das Übertreten gesetzlicher Linien; dagegen gilt es konsequent rechtlich vorzugehen.

2. Gefangen im Echoraum

Haltung zu zeigen ist anstrengend. Denn es ist nicht damit getan, eine Haltung zu entwickeln – es gilt auch, diese immer wieder zu überdenken. Oder, was schmerzhaft sein kann, sie zu verändern. Gleichzeitig müssen wir alle Fragen nach unseren roten Linien beantworten. Nach Werten, für die wir unverrückbar einstehen, oder nach Gesetzen, nach denen wir uns richten. Gesetze sind dabei vermutlich einfacher zu greifen, wir kennen und befolgen sie. Und auch wenn die eine oder der andere von uns gelegentlich den Wunsch verspürt, sich beispielsweise beim Finanzamt „abzumelden", so wissen wir doch, dass das nicht geht. Werte und Prinzipien sind eine andere Dimension. Chancengerechtigkeit kann ein Prinzip sein, das man hochhält, oder Toleranz. Wieder anders einzustufen sind Meinungen: Hier gibt es Raum für verschiedene Sichtweisen und idealerweise können wir unterschiedliche Meinungen als bereichernd empfinden. Traditionell sind Institutionen wie Kirche, Vereine, Parteien oder Verbände jene Orte, an denen unterschiedliche Menschen und damit auch Lebenswelten miteinander in Berührung kommen. Begegnungen finden auch an anderen Orten statt, etwa in der Schule, der Großfamilie, über Social Media oder in diversen Bewegungen. Ein gesellschaftliches Problem ergibt sich aus meiner Sicht, wenn ein solcher Austausch nicht stattfindet – oder nur eingeschränkt im eigenen Echoraum.

Im Film „Matrix" aus dem Jahr 1999 steht die Hauptfigur Neo vor der Entscheidung, eine blaue oder eine rote Pille zu schlucken. Wenn Neo die blaue Pille nimmt, verändert sich seine

Welt nicht. Er lebt weiterhin in einer Umgebung, die von Maschinen kontrolliert wird. Wählt er jedoch die rote Pille, erlebt er eine andere Welt.

Was 1999 noch Science-Fiction war, rückt in unserer Realität nun immer näher. Der 2020 erschienene Podcast „Rabbit Hole" der New York Times schildert unter anderem, wie der Protagonist Caleb durch den YouTube-Algorithmus in ein Paralleluniversum abtaucht. Erkenntnis darüber erlangt er erst, als er in einer Diskussion auf eine völlig andere Sichtweise stößt. Wiederum gelenkt durch weitere Vorschläge beginnt er, sich mit dieser auseinanderzusetzen. Wie Caleb haben wir alle die Chance, offen für andere Sichtweisen zu bleiben. Wir können die Meinungen anderer nutzen, um unsere eigene Haltung zu schärfen, sie aber auch zu überdenken. Gleichzeitig können wir uns aber auch komplett in unseren eigenen Echoraum zurückziehen, zufrieden mit unserer Haltung und Sichtweise, kontinuierlich bestätigt durch andere. In diesem Szenario befinden wir uns irgendwann in Welten oder Echoräumen, die keine Verbindung mehr zueinander haben. Genau darum geht es mir in diesem Buch.

3. Scharniere schaffen

In einer zunehmend digitalisierten Welt, in der Menschen vermehrt in ihren eigenen Echoräumen oder „Bubbles" verbleiben, müssen wir

× VERBUNDENHEIT IST EINE SELTSAME INTEGRATION VON NÄHE UND DISTANZ ZUGLEICH. ×

also neue, alternative Begegnungsräume schaffen, die eine Scharnierfunktion zwischen unterschiedlichen Welten und Werten bieten können, um eine Haltung der Verbundenheit in der Andersartigkeit zu ermöglichen.

Auf eine Reise zu Begegnungsräumen, die diese Art von Scharnierfunktion bieten, wollen wir uns in diesem Buch machen. Dazu blicken wir auf unterschiedliche Perspektiven und schauen auf Beispiele für Engagement und Verantwortung. Betrachten wollen wir auch, wie Organisationen Position beziehen. Abschließend beleuchten wir, wie Orte geschaffen werden, die genau diese Scharnierfunktion erfüllen und die für Begegnung sorgen. Wir schauen darauf, an welchen Orten Dinge besprechbar werden.

Dies erfordert auch eine andere Art der Kommunikation. Schon seit Jahren ist Kommunikation interaktiver geworden. Unternehmen haben oft ein eigenes Social Intranet, wo Themen intensiv und oft auch kontrovers diskutiert werden. Die renommierte amerikanische Sozialwissenschaftlerin Michàlle Mor Barak definiert Inklusion als Zugehörigkeitsgefühl. Menschen, die sich einbringen können, erfahren eine Wertschätzung ihrer Beiträge. Um das zu erreichen, stehen für mich drei Dinge im Fokus. Erstens **Partizipation:** Es ist entscheidend, dass unterschiedliche Perspektiven in ein Thema eingebracht und Dinge gemeinsam entwickelt werden können. Der zweite ▸▸

wesentliche Punkt ist, eine **Vision** zu haben und diese glaubwürdig zu vermitteln. Wir sehen jetzt schon, dass die Generation Z und die kommende Generation Alpha purpose-driven sind, Sozial- und Umweltbewusstsein spielt für sie eine bedeutende Rolle. Wenn wir das Engagement dieser Generationen gewinnen wollen – sei es als Unternehmen oder auch als Gesellschaft – müssen wir zu diesen Themen überzeugende Ideen anbieten. Der dritte wesentliche Punkt ist für mich **Authentizität.** Die Vision, die dargelegt wird, sollte glaubwürdig sein. Nur dann gibt es einen guten Diskurs und die Chance, Menschen für ein Thema zu begeistern und zu gewinnen. Oder auch die Chance, sie mit einer anderen Sichtweise zu überzeugen.

FACTS DON'T WIN FIGHTS

Tali Sharot

in verschiedenen Echoräumen oder „Bubbles" bewegen – gelinge es uns kaum, andere mit Fakten zu überzeugen. Sharot schildert beispielhaft einen wissenschaftlichen Versuch zum Dialog mit Impfskeptiker:innen. Die Chance, diese vom Nutzen der Impfung zu überzeugen, stieg lediglich, wenn die möglichen Folgen einer Nicht-Impfung geschildert wurden, beispielsweise die Auswirkungen eines schweren Verlaufs von Masern. Die Forscherin spricht in diesem Zusammenhang von einem „common motive", das es zu finden gelte.

In Teil 1 dieses Buches „Haltung braucht Perspektiven" steigen wir mit Erkenntnissen aus einem Symposium zum Thema Haltung ein. Dazu hatte ich eingeladen, um unterschiedliche Perspektiven einfließen zu lassen. Eine der Haupterkenntnisse war, dass wir uns immer wieder selbst infrage stellen müssen. Es gilt also nicht nur, eine Haltung zu haben, sondern auch, kontinuierlich eine mögliche Veränderung dieser Haltung auszuloten und dabei rote Linien beizubehalten. Ein Risiko, das wir im Symposium ebenfalls beleuchtet haben, ist der „confirmation bias". Der Begriff bezeichnet in der Kognitionspsychologie die Neigung von Menschen, Informationen so zu suchen, auszuwählen und zu interpretieren, dass diese die eigenen Erwartungen bestätigen.

4. Diskurs üben

Meine Motivation zu diesem Buch habe ich soeben geschildert. Mir geht es darum, wie wir als Gesellschaft, als Unternehmen, als Einzelpersonen oder auch als Institutionen Scharnierfunktionen schaffen können.

Gelingt uns dies, stehen wir allerdings direkt vor der nächsten Herausforderung: Hatten Sie in der Coronakrise vielleicht auch mal ein Gespräch mit einer Person, die sich nicht impfen lassen wollte oder hinter Covid-19 eine leichte Grippe vermutete? Intuitiv versuchen wir dann, durch Fakten von unserer Sichtweise zu überzeugen. Tali Sharot, Professorin der kognitiven Neurowissenschaften am University College London, ist dagegen überzeugt: „Facts don't win fights." Bei grundlegend unterschiedlichen Ansichten – wenn wir uns

Basierend auf diesen Erkenntnissen haben wir versucht, dieses Buch mit möglichst vielen unterschiedlichen Perspektiven zu gestalten. Diese spiegeln selbstredend nicht immer meine persönliche Meinung wider. Uns ist auch bewusst, dass die Zusammenstellung nicht abschließend sein kann. Daher ist das Buch als Lernreise angelegt. Es geht definitiv nicht um „Besserwisserei". Wir möchten mögliche Anregungen für Scharnierorte und für einen gesellschaftlichen Diskurs bieten.

Scharnierorte sind mir persönlich ein wichtiges Anliegen. Der Philosoph Philipp Wüschner spricht davon, dass Haltung zu einem „Fehl- und Sehnsuchtswort" geworden sei, einem immer schwerer zu erreichenden Ideal. Ich würde diesen Gedanken, den ich zutiefst teile, gern aufgreifen: Wir müssen uns als Gesellschaft fragen, wo es Orte gibt, an denen Haltung vermittelt wird. Passiert das im Elternhaus oder in der Schule? Wo darf ich über Fehler in meiner Haltung reden, ohne dass ich verletzt werde? Haben wir genug Orte, an denen genau diese Fragen diskutiert werden können, oder müssen wir neue schaffen? Wie können wir dazu beitragen, dass Haltung von einem „Sehnsuchtswort" zu Realität wird? Diese Fragen bewegen mich und auch damit wollen wir uns in diesem Buch beschäftigen.

Kurz zurück zum Podcast „Rabbit Hole" der New York Times. Nachdem der Protagonist Caleb erkannt hatte, wie sehr er durch immer weitere ihm vorgeschlagene Videos in seiner Meinung beeinflusst worden war, fragte man ihn, ob er darüber nachdenke, YouTube zu verlassen. Nein, das tue er nicht, war seine Antwort. Für mich ist das symbolhaft. Einen Weg zurück in die Vergangenheit gibt es nicht. Doch wir können unsere Zukunft und die unserer Kinder und Enkel:innen gut und lebenswert gestalten. Neben der Bewältigung der Klimakrise wird eine der großen künftigen Herausforderungen die Frage der sozialen Gerechtigkeit sein. Wir laufen Gefahr, dass die durch die Coronakrise weiter beschleunigten Transformationen in der Arbeits- und Lebenswelt zu

tiefgreifenden Verwerfungen in der Gesellschaft führen. Wir laufen Gefahr, dass wir uns irgendwann in Parallelwelten befinden, wir das Verständnis füreinander verlieren und kein Diskurs mehr möglich ist. Aus meiner Sicht sind wir alle gefordert, unseren Beitrag zu einer lebenswerten Welt zu leisten. Das gilt sowohl für das Klima und die soziale Gerechtigkeit als auch für eine Gesellschaft, die miteinander im Gespräch ist.

Im Symposium, das den Ausgangspunkt für dieses Buch bildet, waren alle Teilnehmenden sehr berührt, als wir über die südafrikanische Lebensphilosophie Ubuntu sprachen. Diese Philosophie geht vom „Wir", also von der Verbundenheit aller Menschen, aus. So ist der Titel dieses Buches entstanden: „Ich bin, weil wir sind. Warum Haltung das Miteinander stärkt."

Impulse dazu, was Haltung ausmacht und wie wir miteinander im Austausch bleiben können, will dieses Buch geben.   X

Ich wünsche Ihnen viel Freude beim Lesen.

MARTIN SEILER
ist Vorstand Personal und Recht der Deutschen Bahn AG und Ideengeber dieses Buches.

HALT

UNG
BRAUCHT
PERSPEKTIVEN

HAL TU ZEIGEN NG

... können wir auf ganz unterschiedliche Weise. Denn sie setzt sich aus unseren Werten und unserer Persönlichkeit zusammen und ist deshalb höchst individuell. Haltung bedeutet Standfestigkeit, ohne dabei starr zu sein. Sie existiert kontextuell, immer mit dem Blick auf das Gegenüber. Sie denkt Vergangenheit und Zukunft mit und wird immer wieder herausgefordert. Eine Annäherung in Bildern

VERANTWORTUNG ÜBERNEHMEN
Milchtüten-Arrangeme
von Fotograf
Ralf Grossek

**STANDFESTIGKEIT
ERPROBEN**
Motiv von Still-Life-
Fotograf Ragnar Schmuck,
Set Design Eva Jauss

ACHTSAM SEIN IM MITEINANDER
Kinderzimmer-Szene
von Fotografin
Thordis Rüggeberg

**ZUGEWANDT
KOMMUNIZIEREN**

Stillleben des
Hamburger Fotografen
Reinhard Hunger

CHANCEN NUTZEN
Seifenschalen-Paradies
von Fotografin Andrea
Christofi-Hunziker

HALTUNG – WAS HEISST DAS EIGENTLICH?

MIT DIESER FRAGE BESCHÄFTIGTEN SICH ...

die Teilnehmer:innen eines Symposiums, zu dem der Herausgeber dieses Buches, Martin Seiler, im März 2021 nach Berlin eingeladen hatte.

PROF. DR. ULRIKE ACKERMANN Gründerin und Direktorin des John Stuart Mill Instituts für Freiheitsforschung

DR. JÖRG DRÄGER Vorstandsmitglied der Bertelsmann Stiftung

PROF. LUTZ ENGELKE Unternehmer und Kommunikationsexperte

CHRISTINE EPLER Leiterin HR-Strategie, Innovation & Diversity Deutsche Bahn AG

BISCHÖFIN KIRSTEN FEHRS Bischöfin im Sprengel Hamburg und Lübeck der Nordkirche

JASMIN HUNGERLAND HR Innovation Managerin bei der Deutschen Bahn AG

BERND KESSEL Gründer und Geschäftsführender Gesellschafter der Kessel & Kessel GmbH

DR. STEVIE SCHMIEDEL Genderforscherin und Gründerin von Pinkstinks Germany e. V.

MARTIN SEILER Vorstand Personal und Recht der Deutschen Bahn AG

DÜZEN TEKKAL Menschenrechtsaktivistin, Journalistin, Gründerin u. a. von HÁWAR.help

ANDREAS TÖLKE Journalist und Geflüchtetenhelfer, Vorstand von Be an Angel e. V.

AMA WALTON Medienanwältin, Integraler Business Coach und Wirtschaftsmediatorin

Moderation:

PROF. DR. HEIKO ROEHL Geschäftsführender Gesellschafter Kessel & Kessel GmbH

ROEHL: Sie kennen das aus Talkshows – es wird diskutiert, das Thema gesellschaftliche Verantwortung wird in die Runde geworfen und irgendjemand sagt: Das ist alles eine Frage der Haltung. Dann sind alle froh und nicken bedächtig, und die Diskussion endet. Haltung ist in einer immer komplexer werdenden Gesellschaft mit ihren schwierigen Lebensfragen ganz offenbar ein Zauberwort. Eine Lösung, auf die sich alle einigen können.

Aber was bedeutet Haltung eigentlich? Natürlich ließe sich zu dem Thema länglich referieren: Religionswissenschaft, Philosophie, Soziologie, Ethik und Psychologie haben dazu einiges gesagt. Aber damit wird man dem praktischen Wert des Konstrukts „Haltung" wohl kaum gerecht. Deshalb haben wir uns entschlossen, gemeinsam mit Ihnen in das Thema einzutauchen. Lassen Sie uns erkunden, woran man Haltung erkennt und wie sie funktioniert. Erste Frage in die Runde:

WAS BEDEUTET HALTUNG FÜR SIE?

PROF. DR. HEIKO ROEHL
beschäftigt sich seit drei Jahrzehnten mit der Transformation von Organisationen, Teams und Menschen. Dabei steht immer wieder die Frage im Vordergrund, wie Verantwortung gelebt werden und gelingen kann. Was Haltung wirklich bedeutet, hat er bei seiner Arbeit für die Nelson Mandela Foundation in Südafrika gelernt.

SEILER: Ich erlebe in den letzten Jahren wie unter einem Brennglas, dass Haltung eine immer wichtigere Rolle in unserer Gesellschaft spielt, auch in der internationalen Debatte. Und das treibt mich um. Für mich stehen dabei zwei Aspekte im Vordergrund. Der eine ist: Ich stehe für etwas ein – für meine Werte, meine Überzeugungen. Der zweite Aspekt hat etwas mit Nachhaltigkeit im Handeln zu tun. Ich habe beispielsweise einen ausgeprägten Gerechtigkeitssinn, der viel Positives hat, aber auch eine Angriffsfläche bietet. Gleichzeitig möchte ich nachhaltige Beziehungen aufbauen, auch wenn es manchmal schwierig ist. In diesem Spannungsfeld Haltung zu bewahren und für sich den Kurs zu halten, ist immer wieder eine Herausforderung.

FEHRS: Als religiöser Mensch bedeutet Haltung für mich zum einen Geradlinigkeit und den Mut zu vertrauen. Zum anderen aber auch im Sinne der Nächstenliebe beziehungsoffen zu bleiben, sich auf Dialoge einlassen zu können und sich mit dem Unterschied zu befreunden.

WALTON:

Ich finde, es ist ein Privileg, sich nicht mit der Frage der Haltung beschäftigen zu müssen.

Für mich war Haltung von Kindesbeinen an ein Thema – nicht, weil ich mir das ausgesucht hätte, sondern wegen meiner Hautfarbe. Deshalb bedeutet Haltung für mich, Glaubwürdigkeit zu bewahren, auch wenn einem Widerstand entgegengebracht wird. Ich musste schon früh Klarheit über meine Werte und Gedanken entwickeln, immer auch in Bezug auf die Erfahrungen, die ich als schwarzes Kind in Deutschland gemacht habe.

TEKKAL: Die unterschiedlichsten Menschen erheben ja Anspruch auf Haltung. Querdenker und Verschwörungsideologen sagen auch, dass sie Haltung besitzen. Und deswegen habe ich den Begriff für mich erweitert auf Tugend im Sinne der Aristoteles-Ethik: Tugend ist etwas, was ganz tief aus mir selbst kommt. Richtig entwickeln kann ich sie aber erst, wenn ich in ihrem Sinne agiere und reagiere, so wie ein Muskel, der trainiert werden will.

TÖLKE:

Für mich ist Haltung die permanente Reflexion von Fragestellungen.

Erst wenn einen eine Art semipermeable Wand umgibt, kann man aufnehmen, was um einen herum geschieht, und darauf reagieren. Das Vergessen und Verlassen eines Diskurses aufgrund einer Haltung halte ich für extrem gefährlich. Deshalb ist meine Haltung gefestigt, aber nie fest.

ENGELKE: Dieser permanente Bewusstseinsabgleich ist für mich am schwierigsten, wenn es um komplexe Lebensfragen geht. Also: Bin ich noch ich? Oder werde ich durch andere getrieben, etwas zu sein, das ich gar nicht sein möchte?

SCHMIEDEL: Was mir hier noch fehlt, ist das schöne deutsche Wort „Rückgrat".

Haltung bedeutet auch, geradezustehen für seine Ansichten.

Sie bedeutet Konsequenz. In meiner Arbeit muss ich mich häufig gegen Angriffe wehren. Dann die Emotionen wieder zu kontrollieren und mit gewaltfreier Kommunikation auf das Gegenüber zuzugehen – das sind Abläufe, die wir dringend trainieren müssen. Denn nur so sind Demokratie und Kommunikation in dieser immer komplexeren Gesellschaft möglich.

HUNGERLAND: Ich versuche, nicht jeden Widerstand an mich persönlich heranzulassen. Dabei habe ich häufig einen Neoprenanzug vor Augen, den ich mir gedanklich anziehe. Diese Vorstellung hilft, Abstand zu gewinnen, ohne die eigene Haltung zu verlieren. Ein zweites Bild,

MARTIN SEILER
bewegt, wie die aktive und inklusive Gestaltung von Veränderung in einem Konzern mit über 330.000 Mitarbeitenden gelingen kann. Sein Augenmerk liegt darauf, wie Personen und Unternehmen auch in Krisenzeiten ihre Haltung nicht verlieren und es schaffen, diese auf Augenhöhe zu vermitteln.

das ich habe, ist das eines inneren Kompasses, den ich nutze, um mich in meiner Umgebung zu orientieren: Was passiert gerade um mich herum und wie stehe ich dazu?

DRÄGER: Wir verlangen für ein funktionierendes gesellschaftliches Miteinander eine gewisse Anpassungsfähigkeit in der Haltung. Auf der anderen Seite wollen wir aber, dass man Haltung bewahrt und Integrität zeigt. Ich frage mich: Wer definiert denn, ob eine Haltung richtig oder falsch ist? Es geht ja nicht nur darum, ob man aus der Kinderstube eine Haltung mitbekommen hat – das haben wir alle. Sondern es geht darum, ob wir eine Haltung als gut oder schlecht, als richtig oder falsch empfinden.

VERBUNDENHEIT HERSTELLEN

KIRSTEN FEHRS
Die Bischöfin ist „Zuständige für Gesellschaftlichen Dialog" der Nordkirche. Sie sieht Religion in ihrer toleranten, gemäßigten Form als „das entscheidende Gemeinschaftsgen".

ROEHL: Können wir eine Haltung überhaupt als gut oder schlecht bewerten? Frau Bischöfin Fehrs, wann ist Haltung gut und richtig?

FEHRS: Es gibt in der theologischen Dogmatik eine spannende Beschreibung des Menschen, der sich von Werten entfernt hat: Fern bedeutet in diesem Fall fern von Gott, aber auch fern von allem, was den Menschen in seiner Würde unterstützt. Das ist der „incurvatio in se ipsum", der in sich verkrümmte Mensch. Das bedeutet, dass er keine aufrechte Haltung hat, die immer den anderen mit in den Blick nehmen kann. Letztlich sind wir immer angewiesene Existenz.

Wir sind immer auf das Du angewiesen.

In dem Moment, in dem der Mensch immer nur in sich selbst bleibt, ist es nötig, die Haltung zu verändern.

KESSEL: Haltung entsteht aus einem guten Gefühl von Verbundenheit.

BERND KESSEL
berät Führungskräfte bei Macht-, Entscheidungs- und Governanceprozessen. Gemeinsam mit Prof. Dr. Heiko Roehl hat er ein ganzheitliches Beratungsmodell entwickelt, das strategische, betriebswirtschaftliche und kulturelle Faktoren der Unternehmensführung in ihrer Interdependenz betrachtet.

SCHMIEDEL: Aus dem Feminismus heraus gedacht: Diese Verbundenheit ist für manche einfacher als für andere. Für Opfer von Hatespeech und Diskriminierung ist es sehr viel schwieriger, diese Verbundenheit zu finden und aufzubauen. Gleichzeitig wird es ohne diese Verbundenheit auch schwer. Es bringt ja beispielsweise nichts, dem Hafenarbeiter, der gerade das N-Wort in den Mund genommen hat, entgegenzuschreien: „Check your privileges!". Ich werde nicht an ihn herankommen, wenn ich in meiner Wut gefangen bleibe. Dann heißt es, das Gegenüber zu sehen, zu verstehen und Brücken zu bauen.

HALTUNG ALS PRIVILEG

TEKKAL: Ich glaube, dass beim Thema Werte und Haltung das Verhältnis von Macht und Ohnmacht betrachtet werden sollte – Ama Walton hat dazu vorhin etwas Wichtiges gesagt. Dass es einen großen Anteil an Menschen gibt, die sich diese Wertediskussion gar nicht erlauben können. Denn während wir noch davon sprechen, ob wir leben wollen oder gelebt werden, geht es bei anderen ganz konkret ums Überleben. Und zwar einfach nur deshalb, weil man ist, wer man ist – zum Beispiel eine Jesidin im Irak oder eine muslimische Rohingya in Myanmar.

Ich glaube, das Sensibilisieren für die eigenen Privilegien ist wichtig. Sobald wir uns dessen bewusst sind, muss es sofort um die anderen gehen.

Das ist, wenn ich es unter christliche Tugenden einordne, auch ein Aspekt von Nächstenliebe.

FEHRS: Das berührt mich sehr. Gerade als Vorsitzende des Interreligiösen Forums, in dem acht Weltreligionen ehrlich ins Gespräch gehen und dabei – auch das gehört zu Haltung dazu – etwas aushalten müssen. Sie müssen aushalten, dass auch die anderen Religionen einen Wahrheitsanspruch haben. Zu einer Haltung gehört, dass es selbst in einer hoch emotionalisierten Auseinandersetzung einen Raum braucht, in dem die Leute nicht vom Tisch aufstehen, bevor sie nicht in irgendeiner Weise ihren Zorn bearbeitet haben. Es gilt, mehr dieser Dialogräume zu organisieren.

ANDERE HALTUNGEN AUSHALTEN

PROF. DR. ULRIKE ACKERMANN
Die Politologin und Soziologin mahnt, dass durch Kollektivierungsprozesse im Netz oder auch an Hochschulen die Vielfalt der Meinungen und Positionen schrumpft. Sie wirbt für einen Dissens unter zivilisierten Bedingungen, um einer Polarisierung der Gesellschaft entgegenzuwirken.

ACKERMANN: Ich möchte in diesem Zusammenhang noch einmal auf Wertekonstituierung in der persönlichen Entwicklung zurückkommen. Es haben nicht alle eine wunderbare Kinderstube, in der sie sehr behutsam auf einen tragfähigen Wertekanon hin geschult und erzogen werden. Vor dem Hintergrund spielen die Schule und die Universität eine unglaublich wichtige Rolle. Und mir scheint, dass die Herausbildung individueller Urteilskraft vor allen Dingen an den Universitäten ein wenig verloren gegangen ist. Dabei ist diese Urteilskraft Grundvoraussetzung, um später in konfliktären Situationen bestimmte Ambivalenzen, bestimmte Streitlinien überhaupt wahrzunehmen. Wenn aber Triggerwarnungen ausgegeben werden und die Studenten sich in einem Safe Space wohler fühlen, weil sie mit bestimmten Themen nicht belästigt werden wollen, wird es schwer, in so einer Situation und Atmosphäre überhaupt eine Streitkultur entwickeln zu können, ohne in Angst auszubrechen.

DRÄGER: Ich halte diesen Punkt für sehr relevant. Denn mehr als das Trainieren der Werte selbst scheint mir das Umgehen mit ganz unterschiedlichen Werten im Kontext einer immer heterogener werdenden Gesellschaft wichtig.

Einige trauern einer vergangenen Homogenität hinterher, aber das führt uns nicht weiter.

Und ich finde es unwürdig, wenn eine demokratische Kultur nicht zulässt, dass sich über unterschiedliche Haltungen und Werte ausgetauscht wird. Darin steckt die Gefahr von Überheblichkeit einer Subgruppe, die zu wissen meint, was ein wichtiger Wert ist und was nicht. Und die ist meines Erachtens größer als die Gefahr, Werte und Haltungen anzuhören, die möglicherweise an der Grenze dessen sind, was wir in unserer Gesellschaft tolerieren sollten.

DR. STEVIE SCHMIEDEL gründete die NGO Pinkstinks Germany, um gegen Sexismus und Gender-Stereotype zu kämpfen. Sie steht für einen „Feminismus mit Liebe", der Verständigung erzielen möchte.

SCHMIEDEL: Für mich gibt es eine Schere zwischen Werten und Verletzungen. Ich finde es wichtig, dass wir auseinanderhalten, was die Werte sind, die wir diskutieren sollten, und mit welcher Haltung wir diese diskutieren. Viele Menschen, die Probleme mit Triggerwarnungen haben, sind sich der Funktion dieser Warnungen nicht bewusst. Denn meistens betreffen diese Triggerwarnungen ja jene, die vorher nicht geschützt waren. Vielleicht hat das Gegenüber eine Verletzung, mit der ein Aushalten des Gezeigten nicht möglich ist. Diese Grenzen müssen wir ernst nehmen.

RAUS AUS DER » BUBBLE «

TÖLKE: Mir fällt auf, dass wir hier alle von einem Konsens ausgehen. Wenn ich mir anschaue, wie der allgemeine Wertekanon erodiert, bin ich mir unsicher, ob dies wirklich so ist. Zweitens fällt mir auf, dass wir hier in einer Bubble unterwegs sind. Ich bin ein jüdischer Mensch und habe in meiner Arbeit viel mit Muslimen zu tun. Der Muslim ist dem Juden gegenüber nun aber nicht uneingeschränkt begeistert. Über Jahre der Zusammenarbeit habe ich mir deshalb angewöhnt: Wenn ich Menschen erreichen will, deren Religion gegenüber meiner Vorurteile hat, stelle ich Fragen, die den Bezugsrahmen des anderen erweitern.

ANDREAS TÖLKE Der Journalist zog 2015 spontan aus seiner Wohnung, um sie Geflüchteten zur Verfügung zu stellen. Mittlerweile hat er über 400 Menschen beherbergt und ist als Geschäftsführer von „Be an Angel e. V." ein gefragter Experte für Flucht- und Integrationsfragen.

Augenhöhe, Respekt vor dem anderen, das Zulassen einer anderen Meinung ist völlig in Ordnung. Doch ab da muss man in einen Diskurs treten.

ENGELKE: Aber: Wie schaffe ich es, über meine eigenen Grenzen zu springen und meine Haltung öffentlich zu machen? Mit allem Risiko? Wie und wo lernen wir das?

Wo sind eigentlich die Trainingsorte, um diesen Ausgleich von Disparatem, Nichthomogenem, Nichttolerantem herzustellen?

EPLER: Lassen Sie mich an das Thema der Filterblasen, an die erwähnten „Bubbles" anknüpfen. Zwei Beispiele: Ich habe mich Anfang 2021 intensiv mit dem amerikanischen Wahlkampf beschäftigt. Seit einer Gesetzesänderung müssen Journalisten in den USA nicht mehr verschiedene Sichtweisen abbilden. Daraufhin sind viele Talkradios entstanden, die zur Bildung von Bubbles oder Echoräumen beigetragen haben und im Wahlkampf zu mächtigen Meinungsinstrumenten wurden. Zweitens habe ich in den letzten Monaten ein Experiment gemacht. Ich habe auf „Telegram" Kanäle abonniert, unter anderem von Attila Hildmann und Xavier Naidoo, und da ein wenig mitgelesen. Das war sehr schwer auszuhalten. Können wir als Gesellschaft verhindern, dass es Gruppen gibt, die komplett in eine Parallelwelt abtauchen und sich einer Diskussion, wie wir sie hier heute führen, überhaupt nicht stellen?

DR. JÖRG DRÄGER
ist Bildungs- und Digitalexperte. In seinem Buch „Wir und die intelligenten Maschinen" beschreibt er die Auswirkungen des digitalen Wandels auf die Gesellschaft und macht Mut, die Digitalisierung für mehr Teilhabe und gegen Diskriminierung zu nutzen.

SCHLÜSSELROLLE DER ZIVILGESELLSCHAFT

ROEHL: Es geht hier um die Frage, was Haltung in einer doch zunehmend unübersichtlichen Gesellschaft bedeuten kann. Bringen wir die immer unterschiedlicheren Bilder von Gesellschaft und Zusammenleben überhaupt noch zusammen? Wie schaffen wir zu grundlegenden Themen überhaupt noch Konsens? Haben Sie praktische Beispiele, wie es gelingen kann, die dazu notwendige Haltung auszubilden?

DRÄGER: Wir sehen in der Wirtschaft wenige Personen, die die Mühe auf sich nehmen, Haltung zu zeigen – ohne Angst vor den Konsequenzen für ihr Unternehmen zu haben. Das heißt aber nicht, dass der Großteil keine Haltung hat. Das Vertrauen in die Politik hat in den vergangenen Jahren erheblich gelitten. Ob Kirchen und Gewerkschaften noch haltungsbildende Institutionen sind, sei einmal dahingestellt. Am ehesten ist es noch die organisierte Zivilgesellschaft, die eine Chance hat, diese Haltung zu bilden.

ENGELKE: Gehen wir eigentlich von der Vorstellung aus, dass es noch einen Kern unserer Gesellschaft gibt? Reckwitz' Buch über Singularitäten beschreibt einen Zustand, in dem es nicht mehr die eine Gesellschaft gibt, sondern nur noch 83 Millionen Individuen. Ich glaube, dass wir uns genau darauf zubewegen. Menschen, die tatsächlich in dieser Gesellschaft wirken wollen, müssen gemeinsam eine neue Sprache entwickeln, die genauso heterogen ist wie diese Gesellschaft. So entsteht vielleicht wieder ein neuer Sog, ein neuer Windkanal.

ACKERMANN: Da möchte ich sofort warnen und auf George Orwell und seinen sogenannten Neusprech hinweisen. Mit einem solchen Planspiel, Leute über Sprache umziehen zu wollen, sind Diktaturen gescheitert. Es gibt etliche Studien, die belegen, dass die große Mehrheit der Bevölkerung sprachliche Umerziehung überhaupt nicht mag. Mit einem solchen Projekt vertiefen Sie eigentlich die Spaltung zwischen den kulturell-wirtschaftlichen und wissenschaftlichen Eliten einerseits und der nicht institutionalisierten Zivilgesellschaft andererseits nur noch weiter.

FEHRS: Wissend, dass es gesellschaftliche Filterblasen gibt, die man kaum erreichen kann, und wissend, dass es eine Dynamik von Shitstorms im Netz gibt, stellt sich tatsächlich die dringende Frage, wie weit wir eigentlich eine Verantwortung haben, Dialogforen zu organisieren – auch als Organisationen. Ich glaube fest daran, dass es innerhalb unserer Gesellschaft noch sehr viele Menschen gibt, die ansprechbar sind, um miteinander in den Austausch zu gehen. Die Frage ist: Wie bekommt man die unterschiedlichen Perspektiven zusammen? Für mich persönlich haben Kirchen als Institution grundlegend die Aufgabe zu verhindern, dass sich das Recht der Stärkeren konsequent durchsetzt.

PROF. LUTZ ENGELKE
Der Kreativberater übersetzt komplexe Themen in begehbare und didaktisch aufbereitete räumliche Erlebnisse. Er konzipiert preisgekrönte Ausstellungen und Museen, u. a. den Pavillon „Urban Planet" bei der Weltausstellung in Shanghai 2010 und das Deutsche Fußballmuseum in Dortmund. Sein Antrieb: die Möglichkeit eines transnationalen und transkulturellen Denkens zu schaffen.

NEUE ›› SCHARNIERSTELLEN ‹‹

SEILER:

Für mich ist die Schlüsselfrage, wo Bezugspunkte sind, quasi Scharniere, an denen Menschen außerhalb ihrer jeweiligen Filterblase zusammenkommen.

Traditionell war das Aufgabe vieler gesellschaftlicher Institutionen: Kirche, Vereine, Parteien, Ortsverbände und so weiter. Mich bewegt die Frage, welche Rolle Unternehmen dabei spielen können.

Wir bei der Deutschen Bahn beispielsweise haben Sozialpädagog:innen eingestellt, die Auszubildende begleiten. Wir haben Soziallots:innen, die bei der Integration helfen. Wir haben ehrenamtliche Projekte, die wir fördern. Wir unterstützen also überall da, wo Menschen zusammenkommen, die sich normalerweise in der Freizeit nicht unbedingt treffen. Aber reicht das?

ROEHL: Haltung ist in jeder Hinsicht anstrengend. Sie erfordert Kraft und Mühe. Ebenso wie es Kraft erfordert, aus den Denk- und Handlungsroutinen auszutreten, die das Leben in unseren Filterblasen so angenehm machen. Wir bekommen jeden Tag soziale Anerkennung für etwas, was dort der sozialen Norm entspricht. Herauszutreten und sich grundsätzlich infrage stellen zu lassen, ist in der Tat ausgesprochen anstrengend.

SCHMIEDEL: Die Grundhaltung dabei muss sein: Dieses Gespräch schaffe ich. Es hilft, sich in einen inneren Modus zu versetzen, dass man mit Charme und Humor die gegenteilige Meinung einnehmen kann, ohne zu belehren und aggressiv zu werden. Es geht darum, immer mit Freundlichkeit aufeinander zuzugehen, um letztlich vielleicht sogar überzeugen zu können. Ein wichtiges Instrument ist für mich dabei die schulische Bildung. Bei Pinkstinks gehen wir mit Bildungsprojekten zum Thema Feminismus an Schulen. Dort treffen wir über die Kinder immer auch auf die Werte und Vorbildung der jeweiligen Elternhäuser. Wenn wir die Schüler:innen bilden, bilden wir die Eltern gleich mit, denn unser Unterricht ist zu Hause Thema. Wichtig ist dabei, den Eltern die Sicherheit zu geben, dass wir die Kinder nicht indoktrinieren. Deshalb weisen wir in unseren Bildungsmaterialien farblich klar aus, wo eigene Meinung von uns einfließt.

WALTON: Ein Aspekt, der bisher unerwähnt blieb, sind Begegnungsorte für Jugendliche, die wahrscheinlich lernfähiger sind für den Dialog. Beispielsweise in Form eines sozialen Jahrs, in dem sie sich außerhalb ihrer Filterblase mit anderen Meinungen und Lebenswelten auseinandersetzen müssen und andere Menschen mit anderen Bedürfnissen und Perspektiven erleben. Wichtig wäre zudem, Social Media immer mehr in unterschiedliche Bereiche der Bildung einzubauen.

SCHMIEDEL: ... indem man den Jugendlichen zum Beispiel rät, ihre eigene Social-Media-Blase zu ergänzen durch Positionen, die ihnen zunächst fremd sind. Einfach, um andere Meinungen täglich zu lesen oder zu hören.

AMA WALTON
war die erste schwarze Frau, die die Rechtsabteilung einer deutschen Firma geleitet hat, später wurde sie General Counsel bei BMG. Sie sagt: „Wer außen steht, hört besser zu." Group Think aufzulösen ist für Walton entscheidend: „Nur wenn wir allen Beteiligten Raum geben, leben wir eine Kultur der Ermächtigung und des Respekts."

SEILER: Im Bereich Bildung mache ich gerade eine sehr ernüchternde Erfahrung: Ich bin Sachverständiger der Enquete-Kommission des Deutschen Bundestages – es geht um die Frage der „Bildung in digitalen Zeiten". Leider ist es ziemlich desillusionierend, was wir da hören. Nicht nur, weil an allen Ecken und Enden die Mittel für eine angemessene Digitalisierung in den Schulen fehlen, sondern auch weil Antworten auf die Frage ausbleiben, welche Werte in der Bildung eine Rolle spielen sollten und was das für die vermittelten Inhalte bedeutet.

ZUKUNFTSIMPULSE

ROEHL: Was ist für Sie die Schlüsselerkenntnis aus dieser Diskussion?

SCHMIEDEL: Für mich war der Schlüsselbegriff „Polaritäten". Auf der einen Seite zuhören und aushalten. Dabei tief ausatmen. Und auf der anderen Seite schauen, wie viel Beschädigung ich aushalten kann. Dazwischen gilt es, eine Balance zu finden.

CHRISTINE EPLER
beschäftigt sich seit über 20 Jahren mit der Gestaltung von Transformationen. Sie freut sich, dass das Thema Vielfalt gesellschaftlich wie unternehmerisch an Bedeutung gewinnt. Sie fragt sich aber auch, wie wir ein Leben in der eigenen „Blase" verhindern können und wieder lernen, gezielt aus unserer Komfortzone herauszutreten.

TÖLKE: In dieser Runde herrscht für mich zu viel Konsens und zu wenig Basisbezug. Ich sitze jeden Tag mit Leuten zusammen, die so nervig sind und so anstrengend und so widerborstig, und versuche, einen Dialog anzustrengen. Basisarbeit ist für mich das A und O. Wenn wir die Leute unten nicht erreichen – wo immer dieses Unten sein mag – wird sich oben nichts verändern.

FEHRS: Es gibt zwei Impulse, die ich mitnehme. Erstens, dass die Unternehmen einen sozial-ethischen Auftrag haben und dass dieser organisiert und geschärft werden muss. Der zweite:

Vor dem Aushalten kommt das Einlassen.

Die Verschiedenheit von Kultur, Religion und Wahrheit braucht dieses Einlassen als Voraussetzung, um in Kompromisse einzusteigen oder die eigenen Grenzen auszuloten.

ENGELKE: Es ist wichtig, dass wir Rituale erschaffen in dieser Gesellschaft, in denen wir miteinander lachen können. Wo wir Freude gewinnen, wo wir Lust haben. Wo wir diese Auseinandersetzung nicht nur akademisch führen, sondern praktisch Gemeinschaft schaffen.

ACKERMANN: Ich fand den von Martin Seiler eingebrachten Begriff der Scharnierstellen sehr wichtig. Scharnierstellen, an denen unter-

DÜZEN TEKKAL
Die streitbare Journalistin und Aktivistin empfiehlt der Bundesregierung, ein „Werteministerium" zu schaffen. Geleitet wird sie vom Grundgesetz, ihrem „heiligen Buch", wie sie es nennt.

schiedliche Lebenswelten in Berührung kommen, unterschiedliche Erfahrungsräume, die dann natürlich auch sprachlich unterschiedlich vermittelt werden. Was für mich auch deutlich geworden ist: Es gibt nicht die eine gute Haltung. Wenn wir uns erdreisten, diese einzige richtige Haltung zu definieren, reproduzieren wir genau das, was den kosmopolitischen, kulturellen, wirtschaftlichen, wissenschaftlichen Eliten vorgeworfen wird. Da sollten wir demütiger und bescheidener sein.

EPLER: Mir ist die Frage des Verhältnisses von Stabilität und Offenheit im Kopf geblieben. Und: „Gefestigt, aber nie fest."

HUNGERLAND:

Haltung hat ja auch etwas Eitles. Etwas, mit dem man sich gerne schmückt.

Aber letztlich ist es etwas, das nicht mit mir allein zu tun hat, sondern mit anderen Menschen. Ich habe die ganze Zeit so ein südafrikanisches Sprichwort im Kopf. Herr Roehl, vielleicht kennen Sie das?

ROEHL: Ubuntu.

HUNGERLAND: Genau: „Ich bin, weil du bist."

ROEHL: Tatsächlich spielt die Idee des Ubuntu im südlichen Afrika heute noch immer eine wichtige Rolle. Verbundenheit ist dort eine der Schlüsselkategorien des Zusammenlebens. Das kommt noch aus einer Zeit, in der den Menschen vollkommen klar war, dass sie unter den unwirtlichen Lebensbedingungen dort allein nicht überleben können. Wenn wir im südlichen Afrika jemanden grüßen, dann grüßen wir ihn im übertragenen Sinne mit den Worten:

„Ich existiere nur, weil du existierst." Das ist das Prinzip Ubuntu. Eine Haltung des Verbundenseins.

JASMIN HUNGERLAND
ist Politologin und Teil der Gen Y. Sie sagt: Widersprüche gehören zu unserer Gesellschaft und vor allem zu uns selbst.

SEILER: Ich nehme neben vielen anderen positiven Aspekten für mich persönlich den Punkt mit, dass wir Begegnungspunkte schaffen müssen, so wie es Herr Tölke mit dem „Kreuzberger Himmel" getan hat. Dass wir an Orte kommen müssen, an denen wir andere finden, um unterschiedliche Haltungen auszutauschen und auszuhalten. Es wird für mich eine Aufgabe sein, darüber nachzudenken, wie ich zu solchen Scharnierstellen beitragen kann. Und ich möchte mich bei Ihnen allen bedanken für dieses anregende und wunderbar kontroverse Gespräch.

× VERBUNDENHEIT IST ALLES×

Ein Essay von Bernd Kessel

„Let the globe, if nothing else, say this is true:
That even as we grieved, we grew.
That even as we hurt, we hoped.
That even as we tired, we tried.
That we'll forever be tied together, victorious."
Amanda Gorman

Was für eine Erzählung! Sie enthält alles, was ein wirkmächtiges Narrativ enthalten muss: Sie schreibt Vergangenheit neu, stiftet Verbundenheit und lädt in eine andere Zukunft ein. Zur Amtseinführung von US-Präsident Joe Biden im Januar 2021 hat dessen Administration eine ganze Reihe solcher Narrative präsentiert. Garth Brooks sang das ikonische „Amazing Grace", ein Lied aus der Feder eines Kapitäns eines Sklavenschiffes, der nach einem Schlüsselerlebnis während eines schweren Sturms seine Haltung zur Sklaverei grundlegend änderte. Brooks ist einer der weltweit erfolgreichsten Singer- ▶▶

Songwriter. In den USA erreichen seine Country- und Westernsongs viele republikanische Wähler. Jennifer Lopez, Tochter puertoricanischer Einwanderer, sang „This Land is Your Land". Der eigentliche Star der Darbietungen aber war die junge Schwarze Amanda Gorman mit ihrem Gedicht „The Hill We Climb". Nach den Ereignissen rund um den Sturm auf das Kapitol im Januar 2021 war das Mantra der Inauguration Joe Bidens „Unity".

Das Thema Verbundenheit ist eine der großen Zukunftsfragen in Politik, Gesellschaft und Management. Unsere Gesellschaften driften immer weiter auseinander, Menschen klammern sich mehr und mehr in ihren eigenen Echoräumen fest, die Algorithmen in den sozialen Medien sind auf Klicks und Skandalisierung geeicht, pluralistische Dialoge werden zunehmend schwieriger zu führen und das Thema Umwelt ist dringlicher denn je. Dabei ist es verführerisch und einfach, die jeweils Andersdenkenden als dumm zu etikettieren. Wir brauchen offensichtlich eine andere Art und Weise, diese Dynamiken zu reflektieren, sie zu fühlen und unser Handeln zu steuern.

Ich möchte kurz skizzieren, was ich unter „Verbundenheit" eigentlich verstehe. In Bezug auf das Thema Hochleistungsteams haben sich im Topmanagement von Unternehmen zwei Mythen festgesetzt, die wahrscheinlich nicht mehr verschwinden werden: „Beziehung ist alles" und „Wir müssen eine Familie sein". Ich halte beide Mythen für radikal falsch. Falsche Metaphern können dysfunktionale Wirklichkeiten und Rollenverzerrungen erzeugen. So gehört der Begriff „Familie" in den Bereich von Privatrollen. Das höchste Gut in Familien ist der Erhalt der Beziehungen. In Unternehmen ist das höchste Gut der Erhalt der Funktionen. Trennungen aus Kompetenzgründen, auch wenn sie schwerfallen, sind manchmal unausweichlich. Auch im Umgang mit menschlich schwierigen, aber kompetenten Kolleg:innen ist es wichtig, Distanz zu wahren, loslassen zu können und sich auf adäquate Fach- oder Organisationsrollen zu konzentrieren. In Unternehmen und in der Politik geht es nicht um Privatbeziehungen, sondern nur um Arbeitsbeziehungen.

Verbundenheit ist viel mehr: Stellen wir uns doch kurz ein wirklich fulminantes Rockkonzert oder eine großartige Darbietung vor, beispielsweise im „Cirque du Soleil", und es kommt zu einem dieser raren Momente, wo zwischen Vortragenden, Akrobat:innen und Publikum eine tiefe Resonanz entsteht. Dann erleben wir für einen kurzen Augenblick unseres Lebens Verbundenheit. Verbundenheit ist mehr als Beziehung. Verbundenheit tendiert zu Mitgefühl („Ich könnte hier gerade jeden umarmen.") und nicht zu Mitleid, der Schattenseite von zu viel Empathie. Verbundenheit ist eine eigentümliche Integration von Nähe und zugleich Distanz, die die Eigenverantwortung aller Beteiligten wahrt. Im Konzert sind wir mit den anderen nicht in Beziehung, wir teilen keinen gemeinsamen Alltag. Aber

× VERBUNDENHEIT IST EINE SELTSAME INTEGRATION VON NÄHE UND DISTANZ ZUGLEICH. ×

wir können trotzdem über das Konzert hinaus innerlich verbunden bleiben. Verbundenheit als dauerhafte Verfasstheit im eigenen Leben zu etablieren ist keine Methode, sondern Ausdruck gereifter, integrierter Persönlichkeit. Verbundenheit kann unsere Identität transformieren. Teilnehmer:innen des Festivals „Burning Man" in der Wüste Nevadas und seiner Ableger weltweit berichten von solchen Erfahrungen. Ich halte dies für einen Generalschlüssel zum Thema Haltung, wie wir ihn heute benötigen.

Mich selbst begleitet dieses Thema schon seit dem Studium. Damals verbrachte ich ein Forschungsjahr mit American Indians in Nordamerika. Es war die Zeit, als Aktivist:innen des „American Indian Movement (AIM)" erste Schritte einer annähernden Rückbesinnung auf eine eigene indigene Identität im Kulturraum der USA unternahmen. In diesen Jahren begann man zu ahnen, dass die drastischen Rückgänge der Geburtenraten beispielsweise in den Reservationen der Lakota in Zusammenhang standen mit heimlichen Zwangssterilisationen indigener Frauen. Die Gründer:innen des AIM waren für mich damals die Nelson Mandelas Nordamerikas. Einige von ihnen waren durch das System der amerikanischen Boarding Schools gegangen, in denen indigenen Kindern, die von ihren Familien getrennt wurden, das indigene In-der-Welt-Sein gewaltsam aberzogen werden sollte (dieser Ethnozid war damals bereits bekannt). Und dennoch hat einer dieser Gründer, Russell Means, in einer sehenswerten Anhörung vor einem Ausschuss des US-Senats den Satz gesagt: „Senatoren, meine Morgengebete … schließen Sie und Ihre Kollegen im Kongress ein …"[1] Wie kann so etwas sein? Wie kann ein Mensch angesichts des erfahrenen Leids eine solche Haltung der Verbundenheit zeigen?

Während meines Aufenthalts habe ich mehrfach als Gast an damals gerade wieder aufgenommenen authentischen Initiationsritualen teilgenommen. Dies sind strukturierte Ritualisierungen der Transformation (rites de passage) von Identitäten, etwa im Übergang vom Jugendlichen- ins Erwachsenenalter oder in schweren Krisen. Die inzwischen international beachteten Mediationsprozesse der Diné (Navajos) folgen solchen Logiken. Rites de passage durchlaufen drei Phasen: Ablösung vom Bestehenden (Alltag, Voreingenommenheit), Eintritt in eine Übergangsphase von ‚nicht mehr – noch nicht' und Wiedereintritt in eine neue Identität. Sie werden über Unterbrechungen strukturiert, in denen alle Beteiligten durch Rituale an eine höhere Ordnung (Verbundenheit), einen höheren Zweck und ein höheres Selbst erinnert werden. Die Unterbrechungen sind Hinführungen auf die Verbundenheitsethik der Diné.

Diese Erfahrungen haben mich drei Dinge gelehrt: Seit der Aufklärung (mit ihrer Trennung von Geist und Körper) haben die westlichen Kulturen ein reichhaltiges Wissen über die äußere Welt hervorgebracht. Das ist gut so. Wir sollten uns aber hüten, das reichhaltige Wissen über die innere Welt, das indigene Kulturen hervorgebracht haben, abzuwerten, nur weil deren Gesellschaften weniger strukturiert schienen und technologisch unterlegen waren. Und ich rede hier ausdrücklich nicht über Glauben oder Religion. Zweitens habe ich gelernt, dass Offenheit von Menschen und Menschlichkeit mit einer tiefen inneren Kraft einhergehen kann. Und drittens habe ich verstanden, dass Leader:innen eine Verpflichtung haben, den ihnen Folgenden sorgend zu dienen. Die zentralen gesellschaftlichen Werte der Lakota-Stämme waren Mut, Tapferkeit, Großherzigkeit und Weisheit. Mit Weisheit ist in allen Weltkulturen meist Verbundenheit gemeint.

Quellen:

01 Russell Means, **HEARING OF THE SENATE SELECT COMMITTEE ON INDIAN AFFAIRS**, January 30, 1989, C-SPAN https://youtu.be/xVANRroxuOo (Zugriff am 06.08.2021)

Es gibt einen dritten Mythos in Politik und Management, der zu den oben genannten seltsamerweise in völligem Widerspruch steht: Um in Topetagen erfolgreich zu sein, müsse man „hart" zu Menschen sein können. Das führt bei Betroffenen oft zu psychologischen Abspaltungen und einer inneren Zerrissenheit zwischen „nett sein sollen" auf der Vorderbühne, aber „hart sein müssen" auf der Hinterbühne. Menschen spüren dies und resonieren in der Regel auf der Hinterbühne. Wie fatal! Es fällt uns offensichtlich auch heute noch schwer, diese Zusammenhänge anders zu integrieren. Glücklicherweise ist die Wirklichkeit von sehr erfolgreichen Leader:innen jenseits dieser Mythen eine ganz andere. Dies ist nur immer noch kein common sense. Während meiner Beratertätigkeit hatte ich das Glück, mit einigen sehr erfolgreichen Leader:innen zusammenarbeiten zu können, von denen ich jedes Mal selbst viel gelernt habe. Besonders unmittelbar habe ich bei der Begleitung von Spitzentrainern in der Fußballbundesliga gelernt, weil hier Reiz und Reaktion zeitlich so außerordentlich eng aufeinanderfolgen: „Die Wahrheit liegt auf dem Platz." Erinnern Sie sich noch an die skeptischen Fragen in den Medien, ob Hansi Flick nicht zu „weich" sei, als er Trainer bei Bayern München wurde? Der Rest der Geschichte ist inzwischen Legende.

Es gibt drei herausragende Merkmale, die erfolgreiche Führungspersonen offensichtlich gemeinsam haben. Sie können ihre Emotionen steuern, sie kreieren für sich selbst immer wieder zwingende Herausforderungen, in denen sie Höchstleistung erbringen müssen, und sie entwickeln eine Art von Selbstlosigkeit im Dienst für eine große Sache oder für ihre nächsten Weggefährt:innen. Einen ausgezeichneten Überblick über diese Merkmale gibt Brendon Burchard in seinem Buch „High Performance Habits"[2]: Die Analogie zu den Erfahrungen mit indigenen Kulturen und den „rites de passage" ist auffällig. Diese Menschen sind Leitbilder einer wirklich zeitgemäßen Art von Leadership: Zugewandtheit heißt nicht, „nett" zu sein. Durchsetzungsstärke heißt nicht, sich „hart" verhalten zu müssen. Und Verstehen heißt nicht automatisch, einverstanden zu sein.

Was ist der Stand der Wissenschaft zu diesen Themen im Jahr 2021? Wir wissen, dass Menschen, die in ihren Echoräumen festgefahren sind, nicht mehr über Fakten zu erreichen sind. Eine Studie der University of California in Los Angeles (UCLA) konnte nachweisen, dass Eltern eher von einer Impfung ihrer Kinder überzeugt werden konnten, wenn nicht über Fakten gesprochen wurde („Es gibt keine Nebenwirkungen."), sondern darüber, wie Impfungen das Leben von Kindern retten können (höherer Sinn)[3]. Der international anerkannte Spezialist für aussichtslos erscheinende Verhandlungen Dan Shapiro zeigt, wie der Wechsel auf übergeordnete Sichtweisen der Inhalte (hin zu einem universellen „Wir") Durchbrüche erzeugen kann [4]. Der renommierte ehemalige FBI-Verhandler Chris Voss betont als Essenz seiner Erfolge: „Verschärfe niemals die Unterschiede!" [5] Beau Lotto, ein anerkannter Neurowissenschaftler, hat nachgewiesen, dass wir Identitätsentwicklungen hauptsächlich durch emotionale, sinnstiftende Narrative vollziehen. In einer Langzeitstudie mit Besucher:innen des „Cirque du Soleil" konnte er belegen, dass kollektives Staunen und Ehrfurcht Menschen kooperativ und verbunden stimmen.[6] Für Leader:innen, Berater:innen, Verhandler:innen oder Strateg:innen sind diese Erkenntnisse essenziell, um in ihren Rollen wirklich effektiv zu werden. In einer Verfasstheit der Verbundenheit, so Chris Voss, wird unser Gehirn um 30 Prozent leistungsfähiger: Wir sehen mehr, tiefer und weiter und unsere Wirkung erhöht sich exponentiell.

Am 21. Mai 2016, im Vorfeld der damaligen US-Präsidentschaftswahlen, sprach Barbara Corcoran in einem legendären Interview unter anderem über Donald Trump. Corcoran ist einer der Stars der US-amerikanischen Show „Shark Tank" (das Pendant zur deutschen „Höhle der Löwen") und arbeitete mit Trump lange in der New Yorker Immobilienbranche. In dem Interview macht sie zwei bemerkenswerte Aussagen: Zum einen kann sie ihre Bewunderung nicht verhehlen für Trumps Fähigkeit, Bilder zu kreieren, denen alle folgen, und für seine magische Art, von Rückschlägen wiederaufzustehen und jedermann glauben zu machen, er sei wieder an der Spitze. Zum anderen antwortet sie auf die Frage, ob sie sich ihn als Präsidenten vorstellen kann, mit einem resoluten: „Nein!" Sinngemäß sagt sie: „Es gibt Charakterzüge, die bei ihm einfach nicht da sind, die aber einen großen Leader ausmachen: Fairness, Fair Play, kein Schikanieren, keine Beschimpfungen, Konsens in einer Gesellschaft großer Diversität herstellen können – aber nicht Menschen spalten und dazu bringen, sich zu hassen, nicht die niederen Instinkte in Menschen ansprechen. Er macht genau diese Dinge und nun strebt er die höchste Führungsposition in Amerika an?" [7]

Das war auf eine erschreckende Art und Weise hellsichtig. Denn im Kern war ihr Wunsch an diese bedeutsame Leadership-Rolle: „Verbundenheit ist alles." **X**

BERND KESSEL

ist Gründer und Geschäftsführender Gesellschafter der Kessel & Kessel GmbH. Seine Expertise liegt in der Begleitung von Macht-, Entscheidungs- und Governanceprozessen auf höchsten Führungsebenen. Ein einjähriger Forschungsaufenthalt während seines Studiums bei Indigenen in den USA (Algonkin/Lakota/Diné) hat bis heute seine Praxisarbeit in Fragen der Leadership in anspruchsvollen Transformationsprozessen stark geprägt.

02 Brendon Burchard, **HIGH PERFORMANCE HABITS**, Hay House Inc. (19. September 2017)

03 Tali Sharot, **FACTS DON'T WIN FIGHTS: HERE'S HOW TO CUT THROUGH CONFIRMATION BIAS**, Big Think 19.09.2017 https://youtu.be/kyioZODhKbE (Zugriff am 06.08.2021)

04 Daniel Shapiro, **NEGOTIATING THE NONNEGOTIABLE**, Penguin Books, New Edition (7. März 2017)

05 Chris Voss with Tahl Raz, **NEVER SPLIT THE DIFFERENCE**, Random House Business Book, 1. Edition (23. März 2017)

06 Beau Lotto and Cirque du soleil, **HOW WE EXPERIENCE AWE – AND WHY IT MATTERS**, TED 18.11.2019 https://youtu.be/17D5SrgBE6g (Zugriff am 06.08.2021)

07 Barbara Corcoran on **TRUMP WOULDN'T BE A GOOD PRESIDENT**, CNN 21.05.2016, https://bit.ly/3GsFhyp (Zugriff am 06.08.2021)

× DIE ZWEIFEL ANDERER HABEN MICH STÄRKER GEMACHT ×

Bibiana Steinhaus-Webb hat auf ihrem Weg zur ersten Schiedsrichterin im deutschen Männer-Profifußball viel Gegenwind erlebt – und ist daran gewachsen.

F

rau Steinhaus-Webb, was bedeutet „Haltung" für Sie?

Haltung bedeutet für mich, nach einem Wertekompass zu leben, der mir selbst Orientierung gibt, aber auch anderen Menschen hilft, mich einzuschätzen und mit mir umzugehen. An diesen Werten festzuhalten bedeutet, auch mal negative Konsequenzen bewusst in Kauf zu nehmen. Es gibt Dinge, auf die ich manchmal Lust hätte, die ich aber, wenn ich ernsthaft meine Werte aufrechterhalten möchte, nicht leben kann. Und das ist dann in Ordnung.

Gibt es ein Beispiel? Auf was verzichten Sie?

Als Schiedsrichterin und Polizeibeamtin hat man ein hohes Maß an Seriosität, Neutralität, Berechenbarkeit und ein gewisses Rechtsverständnis. Deshalb würde ich zum Beispiel vermeiden, unter Alkoholeinfluss Auto zu fahren, auch wenn der Abend nett ist und ein zweites Glas Wein richtig gut zum Essen passen würde. Oder Sportwetten abzuschließen. Das ist als Schiedsrichter:in nicht erlaubt und es würde für mich auch aus Haltungsgründen nicht infrage kommen.

Was sind die wichtigsten Koordinaten in Ihrem Wertekompass?

Familie und Freunde, Berechenbarkeit, Klarheit, Verlässlichkeit.

Wie spielen diese Koordinaten bei Ihrer Arbeit als Schiedsrichterin zusammen?

Ein wenig wie Yin und Yang. Man kann mit dem Strafgesetzbuch unterm Arm als Polizist:in agieren oder mit dem Regelbuch auf dem Fußballplatz. Das ist machbar und korrekt, aber für meine Begriffe nicht ausreichend. Regelwerke sind gemacht, um die Masse der Möglichkeiten abzubilden. Deshalb ist es wichtig zu verstehen, dass diese Regelwerke im Einzelfall interpretierbar sind. Und da kommt ▸▸

die menschliche Komponente zum Tragen: Bin ich in der Lage, mit Menschen zu interagieren? Wie nehme ich Bedürfnisse anderer auf? Wie gebe ich auch Erwartungshaltung zurück? Und welchen Ton finde ich für eine Kommunikation auf Augenhöhe? Wir wollen alle gemeinsam ein Ziel erreichen, zum Beispiel ein Fußballspiel über 90 Minuten nach allen Regeln des Fair Play gemeinsam zu bestreiten.

Wie hat Ihnen Haltung geholfen, sich in der Bundesliga zu behaupten?

Jede Führungskraft – und eine solche ist man als Schiedsrichter:in –, die in eine neue Umgebung kommt, muss sich zunächst definieren und behaupten. Und dafür gilt es, ein Mensch zu sein, der lesbar und berechenbar ist. Niemand trifft gerne auf eine menschliche Wundertüte, bei der man nie weiß, was man zu erwarten hat. Das Zweite ist, dass man hinter verschlossenen Türen heiß diskutieren kann, aber immer mit einer gemeinsamen Entscheidung im Guten den Raum verlassen sollte.

Beides war und ist mir wichtig.

Als Schiedsrichterin mussten Sie Entscheidungen in Sekundenschnelle treffen – unter den Augen von Millionen Fans. Wie sind Sie mit diesem Druck umgegangen?

Das war tatsächlich ein sehr öffentlicher Raum, der das Interesse und die Aufmerksamkeit von vielen, vielen Zuschauer:innen anzieht. Für mich war es immer wichtig, den Spieler:innen deutlich zu machen, dass ich nicht diejenige bin, die das Foul begangen hat, sondern die Führungskraft, die dafür sorgt, dass wir nach den Regeln spielen. Ebenfalls wichtig im Umgang mit den Menschen hinter den Spieler:innen war mir, ihnen immer wieder mal bewusst zu machen: „Du bist Vorbild, du bist Identifikationsfigur für viele Menschen, die dort draußen sind und dir zugucken, die dich

anfeuern, die deine Trikots kaufen. Deshalb erwarte ich, dass diese Vorbildfunktion auch gelebt wird."

Selbst wenn das gut klappt und die Entscheidung korrekt ist, pfeifen und buhen auf den Rängen immer noch Tausende von Fans. Was braucht es, um das Wochenende für Wochenende auszuhalten?

Ich weiß: Wenn ich im Stadion eine Entscheidung fälle, sind in der Regel 50 Prozent dagegen. Das ist eine sehr berechenbare Größe, auf die ich mich mental einstellen kann. Die eigentliche Frage ist aber: Was ist der Gradmesser für meinen Erfolg? Ist es das Feedback der Fans im Stadion? Ob die lauter oder leiser reklamieren? Für mich kommen andere Dinge zum Tragen, etwa der Blickwinkel von Expert:innen, von Menschen, die sich intensiv mit meiner Aufgabe auseinandersetzen und sie bewerten können. Das ist wichtig, um die Angriffsfläche, die eine öffentliche Tätigkeit bietet, zu relativieren. Ich habe mich aus diesem Grund auch noch nie mit den sozialen Medien beschäftigt. Das ist schade, weil es schön wäre, der Welt zu zeigen, wie wundervoll und herausfordernd die Tätigkeiten sind, die ich ausüben darf. Aber die Negativität, die in diesem anonymen Raum herrscht, ist nichts, worin ich mich sehe und was ich fördern will.

Was hilft, wenn Sie tatsächlich einmal eine Fehlentscheidung vor aller Augen treffen?

Sich selber treu zu sein. Um die eigenen Stärken, aber natürlich auch um die eigenen Entwicklungsmöglichkeiten zu wissen. Und konsequent daran zu arbeiten. Das erfordert ein hohes Maß an Selbstreflexion und ist nicht immer vergnügungssteuerpflichtig. Aber ich halte konstruktive Selbstkritik für ein äußerst wichtiges Instrument. Man wird als Führungskraft dafür bezahlt, Entscheidungen zu treffen, im Falle von Schiedsrichter:innen sind das circa 300 Entscheidungen in 90 Minuten. Darunter sind viele kleine, die man gar nicht bewusst wahrnimmt. Und dann sind da die ein bis zwei großen Entscheidungen, die in der Waagschale liegen und an denen die Unparteiischen gemessen werden. Bei 300 Entscheidungen ist die Wahrscheinlichkeit, dass mal eine nicht ganz optimal ist, klar gegeben. Wenn diese zur Spielentscheidung beiträgt, gibt es heutzutage den Videoassistenten, einen Kollegen, auf den man sich verlassen kann. Trotzdem fragt man sich bei der Analyse hinterher immer: Woran hat die Fehlentscheidung gelegen, was kann ich nächstes Mal besser machen, wer kann mich unterstützen, um wieder gut aufgestellt zu sein? Kurz: Was muss ich an den Prozessen verändern, damit ich zum richtigen Ergebnis komme? Diese Art von Fehlerkultur ist nicht nur für Führungskräfte auf dem Fußballfeld sinnvoll.

ALS SCHIEDS- RICHTER:IN IST MAN EINE FÜH- RUNGSKRAFT.

Bibiana Steinhaus-Webb

Nicht alle Sportler:innen halten Öffentlichkeit gleichermaßen gut aus. Die Tennisspielerin Naomi Osaka und die Turnerin Simone Biles haben beide ihre mentale Gesundheit zum Thema gemacht. Wie beurteilen Sie den gesellschaftlichen Umgang mit Sportler:innen? Es gibt zwei Typen von Sportler:innen: Die einen werden immer besser, je größer das Stadion oder die TV-Reichweite sind. Mit diesem Mindset kann Öffentlichkeit einen Extra-Boost geben, der die letzten paar Prozent Leistung herauskitzelt. Andere Persönlichkeitstypen fühlen sich dagegen unter Druck gesetzt, wenn jede kleine Geste, jedes Detail in ihren Bewegungen seziert und analysiert wird, egal, ob sie sich an der Nase wischen oder das T-Shirt zurechtziehen.

Es ist kein Wunder, dass in den letzten Jahren der psychologische Support von Sportler:innen massiv zugenommen hat. Ein zweites Thema ist insbesondere bei Sportlerinnen die Sexualisierung ihrer Turnierkleidung und der damit einhergehende Druck. Ich denke da zum Beispiel an die Turnerinnen, die sich jetzt für Ganzkörperanzüge aussprechen, weil es der Konzentration nicht gerade zuträglich ist, wenn man bei jedem Salto aufpassen muss, dass dir die Fotografen am Ende des Schwebebalkens nicht in den Schritt fotografieren. Bei all dem müssen wir uns auch als Konsument:innen fragen, in welcher Art und Weise wir Sport wahrnehmen.

Was ich unsäglich finde, ist dass wir Menschen hochjubeln und sie zu unseren Held:innen machen, sie aber sofort fallenlassen, sobald etwas schiefgeht. Da gilt es als Gesellschaft, diese Menschen aufzufangen und Unterstützung zu bieten. Insbesondere die Medien werden sich deutlich mehr der Verantwortung bewusst, welche Entwicklung sie befeuern oder eben auch bremsen können. ▶▶

Gibt es eine typische Haltung, die Spitzenfußballer:innen, Tennis-Asse oder Primaballerinas verbindet?

Es sind tatsächlich die typischen Zuschreibungen – Durchhaltevermögen, Ehrgeiz, unbedingter Wille, Hingabe, die Liebe zum Sport – mit denen man zur Spitze aufsteigt. Gleichzeitig ergibt sich aus diesen Eigenschaften ein Risiko zur Selbstverschleuderung. Der Coach hat die Aufgabe, diese Eigenschaften zu kanalisieren und einzufangen, um den Menschen vor seinen eigenen Qualitäten zu schützen. Wahnsinnig beeindruckend finde ich Sportler:innen, denen es gelingt,

über Jahre an der Weltspitze zu bleiben. Wie etwa die Tennisspieler Rafael Nadal oder Roger Federer. Solche Sportler haben vermutlich schon vor zehn Jahren 96 Prozent ihrer Kapazität erreicht und arbeiten nun an den 0,3 Prozent oder 0,2 Prozent, die den letzten kleinen Unterschied machen. Dieses Durchhaltevermögen ist enorm.

Wie viel Durchhaltevermögen hat es Sie persönlich gekostet, an die Spitze zu kommen?

Es war ein sehr langer Weg. Ich habe erst selbst Fußball gespielt und bin dann 1995 Schiedsrichterin geworden. Zu Anfang ging es auch recht schnell, von Liga zu Liga. Die Sprünge waren groß, auch in meiner persönlichen Entwicklung. Und dann hat es irgendwann stagniert. Ich war zehn Jahre lang in der Zweiten Bundesliga aktiv und es hat sich nichts bewegt, nicht nach vorne, nicht nach hinten. Das ist natürlich frustrierend. Was mir geholfen hat, war einfach mal einen Schritt rauszutreten aus dem Hamsterrad und mich mit anderen Dingen

VEREINE ALS ORTE DER BEGEGNUNG SIND WICHTIG FÜR DEN ZUSAMMENHALT.

Bibiana Steinhaus-Webb

zu beschäftigen. Die Persönlichkeit in einem ganz anderen Umfeld zu entwickeln. Um dann zurückzukommen mit all diesen Erfahrungen. Und was mich wirklich angespornt hat, waren die Menschen, die gesagt haben: „Ab hier geht es nicht weiter, du wirst niemals Bundesligaspiele leiten, da lassen sie keine Frauen ran." Ich kann mich heute für jeden Zweifel anderer nur bedanken – weil sie mich stärker gemacht haben.

Sehen Sie sich in einer Vorbildrolle?

Es gab schon vor mir eine Generation von Frauen, die auf den lokalen Fußballplätzen all diese Kämpfe gefochten haben. Sie haben die Trampelpfade angelegt. Ich bin dann weitergegangen und habe mit einigen anderen daraus Straßen gebaut. Ich würde mir wünschen, dass die nächste Generation daraus Autobahnen macht. Dass wir erkennen, wie uns diese Diversität in allen Bereichen des Sports weiterbringt. Es gibt viele tolle Frauen da draußen, die genau diese Motivation haben.

In den sportlichen Gremien ist von Diversität allerdings noch nicht viel zu sehen ...

Ja, und deshalb finde ich es so wichtig, dass wir daran arbeiten, Strukturen zu schaffen, die Gesellschaft abbilden. Weil es um Qualitäten geht und nicht um eine Frage des Geschlechtes. Oder der Hautfarbe oder der sexuellen Orientierung. Wir könnten junge

Menschen noch besser abholen. Wir könnten noch erfolgreicher darin sein, Brücken zu bauen. Zum Beispiel auch, indem wir E-Sport in unsere Vereinsstrukturen einbeziehen. Und indem wir Sportvereine und Verbände, die eine wichtige Rolle in unserem gesellschaftlichen Miteinander einnehmen, weiterhin stützen und mit all unseren Möglichkeiten fördern. Diese Vereine sind Begegnungsstätten, auch für Menschen, die sich nicht aktiv sportlich betätigen. Dort findet gesellschaftliches Leben statt. Wenn wir nicht so wahnsinnig viele Ehrenamtliche hätten, wäre es schlecht um diese Orte der Begegnung bestellt. Wir sollten sie mit allen Mitteln verteidigen, weil sie wichtig sind für unseren gesellschaftlichen Zusammenhalt.

Was macht Sportvereine zu Trainingsorten für Haltung?

Du hast ein gemeinsames Ziel, du hast eine Zeitleiste, du hast eine Mannschaft. Und musst dich auf eine gemeinsame Taktik, einen gemeinsamen Weg verständigen können. Nur wenn alle gemeinsam diesen Weg verfolgen, kann man zum Erfolg gelangen – oder eben auch mal nicht. Gemeinsam Misserfolge zu bewältigen, ist ebenfalls eine Übung in Haltung. Das alles in einem spielerischen Kontext zu lernen – Gemeinschaft, Strategien, Teamplay, Frustrationsbewältigung – ist einfach ein tolles gesellschaftliches Mittel.   **X**

BIBIANA STEINHAUS-WEBB

Die Schiedsrichterin leitete zwischen 2017 und 2020 als erste Frau Spiele in der Deutschen Herren-Fußballbundesliga. 2020 beendete sie ihre Karriere als Unparteiische, engagierte sich aber weiterhin als Videoassistentin. Künftig arbeitet sie für die Schiedsrichtervereinigung der englischen Premier League und unterstützt dort die Ausbildung junger Frauen.

Herr Prof. Dr. Beckert, was hält eine Gesellschaft zusammen?

Gesellschaften sind hochkomplexe und zugleich fragile Gebilde. Ihr Zusammenhalt verbindet ganz verschiedene Elemente, zu denen Machtstrukturen, wirtschaftlicher und sozialer Austausch, Institutionen, Zukunftsvorstellungen und Traditionsbestände gehören. Ganz wichtig sind soziale Normen. Sie orientieren das Handeln des Einzelnen in Richtung Kollektivität. Ich bin zutiefst überzeugt davon, dass Gesellschaft dort entsteht, wo eine Orientierung am anderen stattfindet und damit auch immer eine Orientierung am Gemeinwohl. Und: Es bedarf Institutionen, die diese Normen stützen und dadurch das Gedeihen von Gemeinschaften ermöglichen. Der Vorstellung, dass Individualismus und die Verfolgung von Eigennutz gesellschaftliche Ordnung produzieren könnten, stehe ich sehr skeptisch gegenüber.

Unsere sozialen Normen sind ziemlich in Bewegung geraten. Es gibt heute kaum noch eine gesellschaftliche Vereinbarung, die in den vergangenen 20 Jahren nicht grundlegend hinterfragt worden ist. Wie steht es aus Ihrer Sicht zurzeit um den gesellschaftlichen Zusammenhalt?

Ich glaube, es steht ausgesprochen kritisch. Ein Aspekt ist, dass wir in den letzten 30 Jahren eine starke Orientierung an individualistischen Normen erlebt haben. Es hat ein Umbau der Gesellschaft stattgefunden, der mit dem Zurückdrängen von solidarischen Arrangements einhergeht – sei es in Sportvereinen, bei gemeinnützigen Aktivitäten oder beim politischen Engagement in Parteien oder Gewerkschaften. Aus meiner Sicht hat die starke Betonung von Individualismus und dem Markt als Koordinationsmechanismus wichtige solidarische Ressourcen zerstört, die letztendlich für den gesellschaftlichen Zusammenhalt nötig sind. Zu dieser Entwicklung gehört auch, dass wir seit den 1960er-Jahren eine deutliche Pluralisierung von Lebensformen und kulturellen Werten beobachten können. Die Gesellschaftsordnung der Nachkriegszeit war kulturell deutlich homogener strukturiert und viel stärker durch hierarchisch angeordnete kulturelle Statusordnungen organisiert. Der

Ein Gespräch mit Prof. Dr. Jens Beckert über das, was Gesellschaften zusammenhält

AN DER

heutigen Pluralisierung von Lebensformen kann man viel Positives abgewinnen – denken wir allein an das Aufbrechen der Repressivität im Geschlechterverhältnis –, aber sie führt eben auch dazu, dass die Verständigung in der Gesellschaft schwieriger wird. Die Herausforderung besteht darin, diese Pluralität zu ermöglichen, ohne einzelne Lebenswelten abzuwerten. Das ist enorm schwierig. Viele der populistischen Debatten sind Auseinandersetzungen darüber, welche kulturellen Anschauungen als legitim betrachtet werden und dominant sein sollen. Populismus antwortet auf die Schwierigkeit, Differenz und Pluralität auszuhalten, mit Ausgrenzung. Die Abwertung des jeweils anderen führt auf jeden Fall zur Polarisierung. Das gefährdet den gesellschaftlichen Zusammenhalt.

Ist die Vorstellung von Gesellschaft als ein universelles großes Ganzes nicht eine Illusion in einer Zeit, in der sich Teile der Bevölkerung bewusst aus dem gesellschaftlichen Konsens verabschiedet haben?
Es kann meines Erachtens nicht darum gehen, vermeintlich homogene Gesellschaftsstrukturen wiederherzustellen. Dies ginge nur gewaltsam und verbunden mit endlosen sozialen Verwerfungen. Der Preis wäre enorm. Man würde sich dann irgendwo zwischen Viktor Orbán und den Taliban wiederfinden.

×DAS ANDERE KANN ANERKENNUNG UND RESPEKT ERLANGEN, AUCH WENN MAN ES SELBST NICHT TEILT.×

Schaut man etwa an die rechtspopulistischen Ränder, geht es immer um Ausgrenzung und proklamierte Nichtzugehörigkeit zu einer – in diesem Fall nationalen – Einheit, die sich Definitions- und Verfügungsmacht über die anderen anmaßt. Die Ablehnung solcher auf Ausgrenzung basierender Gesellschaftsbilder beantwortet aber nicht die Frage, wie Pluralität und gesellschaftlicher Zusammenhalt zusammenkommen können, also wie sich Pluralität und Mannigfaltigkeit aushalten lassen. Ein zentraler Gedanke der Soziologie ist, dass Vergesellschaftung durch die Kreuzung sozialer Kreise stattfindet. Die moderne Gesellschaft ist zwar plural und differenziert, aber irgendwo begegnet man sich dann doch. Man arbeitet nicht zusammen, aber man begegnet sich im Sportverein oder in der politischen Partei. Man heiratet in eine Familie mit anderem sozioökonomischen Status oder mit einer anderen Nationalität. Daraus ergibt sich ein Geflecht ▸▸

KREUZUNG

von Beziehungen und sozialem Austausch, es entstehen Verständnis und Toleranz. Das Andere kann Anerkennung und Respekt erlangen, auch wenn man es selbst nicht teilt. Heute beobachten wir in ganz vielen Dimensionen, dass diese Durchflechtung weniger stattfindet. Dabei spielen auch die neuen Medien eine wichtige Rolle. Man bewegt sich nur noch in einem bestätigenden Informationsumfeld. Die technische Logik der neuen Medien führt dazu, immer nur das Eigene in immer radikalerer Form präsentiert zu bekommen. Andere Auffassungen werden gar nicht mehr wahrgenommen oder nur als negative Projektionsfläche. Insbesondere Untersuchungen aus den USA belegen deutlich, wie isoliert Öffentlichkeiten heute voneinander sind. Wenn man schweigend nebeneinandersitzt und den anderen nur noch durch die eigene Projektion wahrnimmt, besteht ein echtes Problem für gesellschaftliche Ordnungsprozesse.

Reißt das soziale Gewebe, wenn diese Kreuzungen, diese Verbindungsstellen nicht geschaffen werden?
Wir haben in den vergangenen Jahrzehnten den wirtschaftlichen Wohlstand stark gemehrt. Es waren jedoch lediglich die oberen sozialen Schichten, die von diesem zusätzlichen Wohlstand profitierten. In dem wirtschaftlichen Transformationsprozess – die Globalisierung spielt hier eine ganz zentrale Rolle – haben zugleich bedeutende Gruppen der Bevölkerung Verluste erfahren, ihr sozialer Status wurde unsicherer. Die Möglichkeit des sozialen Aufstiegs ist blockiert und die Distanz zwischen oben und unten hat sich geweitet. Die Erwartungen hinsichtlich ihres zukünftigen Wohlergehens und der Möglichkeit des sozialen Aufstiegs spielen in modernen Gesellschaften eine zentrale Rolle. Der große liberale Gesellschaftstheoretiker Ralf Dahrendorf hat es in den 1950er-Jahren eher als Randbemerkung erkannt: Die realistische Möglichkeit des sozialen Aufstiegs ist eine wesentliche Grundlage für die Stabilität demokratischer Ordnung. Wenn man das ernst nimmt und dann die zahlenmäßigen Befunde aus der Sozialstrukturanalyse sieht, die besagen, dass eben solche Aufstiege zunehmend nicht mehr stattfinden, erkennt man die Problematik für den gesellschaftlichen Zusammenhalt.

Für viele drängt sich das Gefühl auf, dass man so viel mit den Flügeln schlagen kann, wie man will, um aufzusteigen. Andere dagegen segeln „da oben" in den Höhenlagen. Da ist gesellschaftliche Spaltung doch programmiert.
Diese fehlenden Transmissionsmöglichkeiten führen zu erheblichen

> # WENN MAN SCHWEIGEND NEBENEINANDER-SITZT UND DEN ANDEREN NUR NOCH DURCH DIE EIGENE PROJEKTION WAHRNIMMT, BESTEHT EIN ECHTES PROBLEM FÜR GESELL-SCHAFTLICHE ORDNUNGS-PROZESSE.

Prof. Dr. Jens Beckert

Frustrationen und Konfliktpotenzial, das sich dann in allen möglichen Formen entlädt. Und es wirft die Frage auf, welche Lebensmodelle eigentlich wie bewertet oder auch entwertet werden. Denn besonders groß wird das Konfliktpotenzial, wenn sich einerseits sozialstrukturelle Lagen verfestigen, die Individuen sich also nicht aus ihnen befreien können, und andererseits ganze Lebensmodelle delegitimiert werden. Es geht um die Anerkennung von Lebensleistungen und Lebenssituationen, die mir selbst vielleicht als wenig glamourös und erstrebenswert erscheinen. Wie erreicht man, dass die Pluralität von Lebensformen nicht zu Abwertungen führt? Es ist auch eine Herausforderung für die Politik, hierfür die Rahmenbedingungen zu setzen.

Welche Rolle kann darüber hinaus die oder der Einzelne spielen?

Wir müssen soziale Strukturen immer auf das Individuelle beziehen, weil Strukturen sich ja über die Handlungen von Akteuren ausbilden und verändern. Hier kommen wir zu der Dimension, die für dieses Buch den Zentralbegriff liefert: Welche Einstellung oder Haltung haben die unterschiedlichen Akteure? Die normativen Orientierungen des Individuums, also seine Reflexion auf das Ganze, spielen da eine zentrale Rolle. Ist das große Ganze mein Bezugspunkt oder bin ich es immer nur selbst? Aber: Der gesellschaftliche Kontext muss beim individuellen Handeln immer mitgedacht werden. Es kommt etwa darauf an, welche institutionellen Rahmen es für ein Handeln gibt, das sich am Gemeinwohl orientiert. Welche Ermutigungen finden statt, die individuelle moralische Handlungsorientierung auch tatsächlich auszuführen, weil die Institutionen dieses Handeln nahelegen und stützen?

Wie definieren Sie als Soziologe Haltung?

„Haltung" kann ganz allgemein bedeuten, an einer Überzeugung festzuhalten, auch gegen Widerstände und obwohl es einem Kosten abverlangt. Das könnte man in Max Webers Begriff des wertrationalen Handelns übersetzen. Es bedeutet, dass man sich in seinem Handeln einem gewissen Eigenwert der Sache an sich verpflichtet fühlt und dementsprechend agiert.

Wie sieht es heute mit den gesellschaftlichen Rahmenbedingungen für Haltung aus?

Die Transformation der Gesellschaft hin zu Individualismus und Marktorientierung macht Haltung in diesem Sinn immer schwieriger. In den 1990er-Jahren wurde das Böckenförde-Theorem stark diskutiert, das besagt, dass die moderne Gesellschaft von Ressourcen lebt, die sie selbst nicht erzeugen kann. Uns ermöglichen normative Traditionsbestände, eine auf das Gemeinwohl hin orientierte Haltung zur eigenen Rolle in der Gesellschaft zu entwickeln. Dies stößt aber an Grenzen, wenn die moralischen Ressourcen aufgebraucht sind. Unterminiert werden diese Ressourcen, weil der Einzelne immer stärker die Erfahrung macht, dass es sich in unserer aktuellen gesellschaftlichen und politischen Ordnung nicht lohnt, sich um etwas anderes als die eigene Nutzen-Maximierung zu kümmern.

Es gibt aber Gegenbewegungen, das Beschwören eines neuen Kollektivs: in Stadtteilquartieren, beim Urban Gardening, in Ansätzen zu einer neuen Tausch- und Leihwirtschaft. Sehen Sie neue Bewegungen, die das Gemeinschaftsstiftende in den Vordergrund stellen?

Man könnte Fridays for Future dazu zählen, auch Social Investing oder Corporate Social Responsibility gehen in die Richtung. Ich habe allerdings den Eindruck, dass es sich zumindest bei **▸▸**

Trends aus dem unternehmensnahen Kontext letztlich doch nur um verschobene Marktstrategien handelt, die auf gesellschaftliche Legitimation oder auf neue Märkte mit neuen Gewinnmöglichkeiten schielen. Ihnen unterliegt nämlich gerade nicht das Moment der Haltung, wie ich es skizziert habe. Viele Bewegungen stellen außerdem einseitig das Handeln des Einzelnen in den Vordergrund, man denke etwa an den ethischen Konsum. Da wird dem Einzelnen aufgelastet, zu entscheiden, ob er die Plastiktüte, den Baumwollbeutel aus China oder lieber einen mit Zertifikat kaufen soll. Die zentralen gesellschaftlichen Herausforderungen wie die Energiewende oder die Digitalisierung können nicht allein durch Marktprozesse bewältigt werden, da bedarf es vielmehr Regelsetzungen und staatlicher Investitionen in Infrastrukturen, die einen Weg in eine ganz andere wirtschaftliche Zukunft ebnen. Die Frontstellung von Staat versus Markt ist daher meines Erachtens nicht hilfreich; die Frage muss vielmehr lauten: Wie können diese beiden Grundakteure – und die Zivilgesellschaft als dritte Kraft – in produktiver Weise miteinander interagieren? Dazu bedarf es auch einer aktiven Umdeutung der Rolle des Staates, der bei den ganzen Reformen seit den 1990er-Jahren immer nur als bürokratisches, unproduktives und bisweilen korruptes Monster gesehen wurde.

× DAS UNVERMÖGEN, EINE ZUKUNFTSVISION ZU FORMULIEREN, IST TEIL DER KRISE, IN DER WIR UNS BEFINDEN. ×

Bislang existiert aber keine hinreichend differenzierte Zukunftsvision davon, nach welchen grundlegenden sozialen Übereinkünften wir in 10, 20 oder 30 Jahren handeln wollen.
Das ist richtig und ein großes Problem. Lässt man die Nachkriegszeit Revue passieren, hatten wir den Keynesianismus und die ganze Steuerungsideologie der 1950er- und 1960er-Jahre, abgelöst von einer neoliberalen Marktvision in den 1980ern, die irgendwann an der Finanzkrise zerschellte. Das waren konkrete Modelle, die auf einem Bierdeckel erklärbar waren. Heute stehen wir angesichts der rasanten technologischen Veränderungen, der Umweltherausforderungen und der nationalen sowie globalen sozialen Ungleichheiten vor einer ungelösten Problematik. Und wir haben kein Bild, das wir auf einen Bierdeckel zeichnen könnten, geschweige denn, dass wir wüssten, wie man die notwendigen Veränderungen umsetzen soll. Das Unvermögen, eine Zukunftsvision zu formulieren, ist Teil der Krise, in der wir uns befinden.

Welche Akteurinnen und Akteure sehen Sie da in der Pflicht? Die Politik?
Ja, aber nicht nur. Es ist eine Aufgabe breiterer Gruppen, auch von Kulturschaffenden, der Wirtschaft und von Wissenschaftler:innen. Aus soziologischer Perspektive ist es eine interessante Frage, weshalb sich heute keine leitende, positiv besetzte Vision der gesellschaftlichen Weiterentwicklung entfaltet. Das große Fortschrittsnarrativ der Aufklärung ist uns abhandengekommen und die technokratischen Zukunftsvisionen aus dem Silicon Valley sind in ihrer grenzenlosen Naivität vor allem abschreckend.

ES WIRD KLARER GESEHEN, DASS UNSERE HERAUS-FORDERUNGEN NICHT NUR ÖKONOMISCHER ART SIND UND WIR SEHR VIEL UMFASSENDER ÜBER DIE VOR-AUSSETZUNGEN GESELLSCHAFTLI-CHER STABILITÄT NACHDENKEN MÜSSEN.

Prof. Dr. Jens Beckert

Viele Menschen fragen sich, wie Gesellschaft in diesen unübersichtlichen Zeiten überhaupt noch funktionieren kann. Ist Soziologie die neue Leitwissenschaft?

Es gibt einen ungeheuren Aufschwung der Soziologie in der Öffentlichkeit. Es wird klarer gesehen, dass unsere Herausforderungen nicht nur ökonomischer Art sind und wir sehr viel umfassender über die Voraussetzungen gesellschaftlicher Stabilität und gesellschaftlichen Wandels nachdenken müssen. Damit ist man dann schnell bei der Soziologie. Mich freut diese neue Relevanz des Fachs natürlich. Gleichzeitig habe ich Sorge, dass die Soziologie damit überfordert wird. In den 1960er-Jahren war die Soziologie schon einmal so etwas wie eine Leitwissenschaft, da hatte man die Vorstellung, dass man Gesellschaften wie Maschinen in eine bestimmte Richtung steuern kann. Das resultierte nur wenig später in einem Scherbenhaufen. Heute macht kein:e Soziolog:in mehr solche Steuerungsvorschläge, statt dessen werden Gesellschaftsdiagnosen gestellt. Das führt dann zu Zeitdiagnosen wie zum Beispiel der „Gesellschaft der Singularitäten" oder „Die Abstiegsgesellschaft" oder „Die digitale Gesellschaft". Das hat einen gewissen Appeal, bedeutet aber auch, dass diese Diagnosen nicht nachhaltig sind. Um das nicht zu negativ erscheinen zu lassen: Diese Zeitdiagnosen dienen gleichwohl einem kollektiven Reflexionsprozess und sind dadurch ein produktiver Teil des öffentlichen Diskurses. Die Popularisierung einer Soziologie heißt immer auch, dass man überhaupt gesellschaftliche Prozesse kollektiv ins Gespräch bringt. Und das ist erst einmal ein großartiger, wichtiger Schritt.

Warum sind Sie Soziologe geworden?

Ich war schon als Jugendlicher sehr interessiert an Fragen von Politik und Gesellschaftsentwicklung, gerade an den damit verbundenen wirtschaftlichen Fragen. Meine Schlüsselfrage war immer: Was macht gesellschaftliche Ordnung möglich? Oder andersherum: Warum fällt gesellschaftlich nicht alles um uns herum auseinander? **X**

PROF. DR. JENS BECKERT

Der Soziologe ist Direktor am Max-Planck-Institut für Gesellschaftsforschung (MPIfG) und Professor an der Universität zu Köln. Zuvor hat er unter anderem in Göttingen, New York, Princeton, Paris und an der Harvard University gelehrt. Zu den Schwerpunkten seiner Forschung gehören die Rolle von Erwartungen im wirtschaftlichen Entscheidungshandeln und für die Dynamik kapitalistischer Entwicklung sowie das Thema Vermögensungleichheit.

Dr. Mahret Ifeoma Kupka

HOLD ON TO YOUR LOVE

WAS MODE ZU MODE MACHT

Warum Mode auch immer
verkörperte Haltung ist,
erklärt Dr. Mahret Kupka
am Beispiel dreier von ihr
kuratierter Ausstellungen.

Im Kontext Mode über das Thema Haltung zu schreiben, legt nahe, über Körper in Kleidung zu sprechen. Genauer: in durch Kleidung in spezifische Haltungen geformte Körper. Die Geschichte der europäischen Mode ist voll von Instrumentarien, die Taillen schnürten (Korsetts und Korsagen), Hüften und Gesäße aufpolsterten (Krinolinen und Tournüren), Beine streckten (Absätze), Frisuren über sich hinauswachsen ließen (Perücken und Haarteile) und als geschlechtsspezifisch benannte Merkmale akzentuierten, den Körper also wider seine gewachsene Form in das zur jeweiligen Zeit gültige gesellschaftliche Ideal zwangen.

Bis zur Französischen Revolution 1789 betrafen die vielfältigen Körperverformungen die Geschlechter gleichermaßen – wenn auch in unterschiedlichen Ausprägungen. Mit der Revolution kamen nicht nur neue Formen von Staatlichkeit ins europäische Spiel, sondern auch Bedürfnisse nach entsprechender Bekleidung. Bereits 1761 wetterte Rousseau, einer der Gründerväter der Republik, gegen die damalige Mode als „Symptom feudaler Dekadenz". Sie war ihm zufolge Gefahr für eine patriarchale Ordnung, die er als Basis republikanischer Belange sah. Sein Konzept der res publica war in erster Linie eines ohne Frauen, bereinigt von allem dem „Weibischen" Zugeordneten. Dazu zählte aus seiner Sicht auch die Pariser Mode der Zeit in ihrer mit Geschlechtergrenzen spielenden Frivolität. Stoffliche Entsprechung fand das republikanische Staatskonzept nach Rousseau im Herrenanzug. Bar jeden Schnörkels sollte er den Fokus auf staatsmännische Tat und rationalen Geist lenken und sich weniger in Formspielen verlieren, was fortan allein der Frauenmode vorbehalten blieb.

Das aus der Französischen Revolution erwachsene Grundmotiv – sowohl staatlich als auch modisch – ist bis heute im Großen und Ganzen unverändert. Zugleich sind es diverse Haltungen, die in subkulturellen Kodierungen ihre vestimentären Formen und sich ständig wandelnden Symbolisierungen finden. Hosen für Damen, aus dem Militärischen entlehnte Camouflage-Muster, der sogenannte Pali-Schal, Punk, Popper, Schwarzer Block, Barett und Afrofrisur, Sappeur, ja selbst das Kopftuch sowie Trends wie Unisex-Kleidung, Boyfriend-Jeans, pinke Oberhemden und Strasssteine in Männerohrläppchen – um nur einige wenige aus ihren jeweiligen Kontexten erwachsene Beispiele zu nennen – können allesamt als Reaktionen auf oder gar Rebellion gegen mit dem Anzug verbundene mainstreamkonforme Haltungen interpretiert werden. Haltungen, die sich an definierten Normen orientieren, bezogen auf gesellschaftlich gültige westlich-patriarchale Vorstellungen von einem guten Leben, das jede Abweichung ausschließt.

Im folgenden Text geht es um das kalkulierte Spiel von Designer:innen und stil- und symbolbewussten Träger:innen und deren gegenseitige Beeinflussungen sowie um gesellschaftliche Zustände, die sich an den Moden ablesen lassen. Mode – und dabei spreche ich aus einer westlich-weiß geprägten, wenn auch widerständigen Schwarzen Positionierung – ist verkörperte Haltung und wirkt zugleich auf die Haltung des Körpers ein. Mode wird durch den Körper, der sie trägt, erst zu dem, was sie ist. Sie muss in einem bestimmten räumlichen und zeitlichen Kontext am Körper performed, das heißt aufgeführt werden, um als Mode erkennbar zu sein. Ohne das Zusammenspiel aus Raum, Körper und Zeit ist Mode allein Material. Hose und Jacke werden erst durch historische Kontextualisierung zur Uniform des modernen Mannes. Ebenso braucht die Afrofrisur die Geschichte des Versklavtenhandels, um als politischer Kommentar lesbar zu sein. Die Mode mag in ihrer Warenförmigkeit ihre politische Dimension schwächen. Zugleich ist ▸▸

ihre gesellschaftliche Bezüglichkeit essenziell. Mode lebt im ambivalenten, nicht deutlich greifbaren Dazwischen. Eine Auswahl an Ausstellungen der letzten Jahre, die ich als Kuratorin am Museum Angewandte Kunst in Frankfurt selbst erarbeitet oder als Übernahmen betreut habe, dienen als Fallbeispiele zur genaueren Erläuterung:

DRAUSSEN IM DUNKEL
WEITERMACHEN NACH DER MODE

Die erste Modeausstellung unter der Direktorenschaft Matthias Wagner Ks am Museum Angewandte Kunst in Frankfurt 2013 war eine Analyse aktuellen Modedesigns sowie dessen Bezugnahme auf modische Strömungen der 1990er-Jahre. Die britische Modetheoretikerin Caroline Evans sieht die Mode der 1990er-Jahre in ihrer gleichnamigen Publikation als *Fashion at the Edge,* als Mode am Abgrund, am Rande eines einschneidenden Wandlungsprozesses. Themen wie Tod, Trauma, Entfremdung und Verfall dominierten die Kollektionen von Designer:innen wie John Galliano, Alexander McQueen, Rei Kawakubo, Hussein Chalayan und Viktor & Rolf und markierten damit nicht ausschließlich ein Ende, sondern stellten vielmehr den Tod des Alten als Voraussetzung für die Geburt von etwas Neuem, Anderem ins Zentrum des Interesses. Welche Mode kleidet Zeiten des Umbruchs? Die Kollektionen gingen unter Begriffen wie *Heroin-* oder *Hiroshima-Chic, Grunge, Dekonstruktivismus* oder *Minimalismus* in die Modegeschichte ein.

Hatte der Eiserne Vorhang bislang die Welt mehr oder weniger zuverlässig in Ost/West, Freund und Feind, Kommunismus und Kapitalismus geteilt und waren Ängste klar auf ein mehr oder weniger einzugrenzendes Anderes projiziert, wurden alle über Nacht ein Volk, wurden derselben *kapitalistischen Logik* unterworfen, der es allerdings fortan am identitätskonstruierenden *Anderen* mangelte. Neue Feindschaften mussten her. Doch was, wenn dieses Andere in uns selbst wohnt?

Draußen im Dunkel fokussierte auf die kreativen Prozesse der jungen Modelabel und Designer:innen Augustin Teboul, Rodarte, Boris Bidjan Saberi, Garland Coo, Leandro Cano, Julia Heuse und Barbara í Gongini und setzte sie in Bezug zu den Entwürfen richtungsweisender Designer:innen der

× CAMOU-FLAGE-PRINT UND PALI-SCHAL, BOYFRIEND-JEANS UND PINKE HEMDEN ALS REBELLION GEGEN MAINSTREAM-KONFORME HALTUNGEN. ×

1990er-Jahre. Allen gemeinsam war eine konzeptuelle, in sich gekehrte, akribisch (er)forschende Arbeitsweise. In Kontemplation und Melancholie waren sie auf der Suche nach einem Wesenskern, den es zu kleiden galt. Bemerkenswert war, dass gerade in dieser Abkehr, in dieser Hinwendung zum Selbst und in der Suche nach eigenen, funktionierenden Formen des Lebens etwas Allgemeingültiges verborgen zu liegen schien. Als sei das Gemeinsame nicht ein wahrer Kern, sondern ganz generell die Existenz eines je individuell zu erforschenden Eigenen, das kreativen Ausdruck sucht und seine Bedeutung im Zusammenspiel mit und weniger in der Abgrenzung von einem konstruierten Anderen erlangt. Die Ausstellung zeigte eigens für diese entworfene Displays, in denen es vor allem darum ging, den kreativen Prozess der Designer:innen begreifbar zu machen.

CONTEMPORARY MUSLIM FASHIONS
Contemporary Muslim Fashions war die weltweit erste umfassende Ausstellung in westlichen Museen, die sich einem Phänomen widmete, das als *zeitgenössische muslimische Mode* bezeichnet wurde. Die Schau wurde an den Fine Arts Museums of San Francisco inhaltlich erarbeitet und war danach am Museum Angewandte Kunst in Frankfurt zu sehen. Die Auswahl der Exponate zeigte rund 80 Ensembles etablierter und aufstrebender hauptsächlich Designerinnen aus den Bereichen Luxusmode, Streetwear, Sportswear und Couture aus dem Nahen und Mittleren Osten, Malaysia und Indonesien sowie Europa und den USA. *Contemporary Muslim Fashions* hatte den Anspruch, die vielfältigen, in diesen unterschiedlichen Ländern regional geprägten aktuellen Interpretationen muslimischer Bekleidungstraditionen zu beleuchten und dabei nicht nur regionale Besonderheiten, sondern auch die Gemeinsamkeiten sichtbar zu machen. Daneben umfasste die Schau zahlreiche Kunst-, Dokumentar- und Modefotografien, die die ausgestellten Kleidungsstücke kontextualisierten. Die Ausstellung zeigte außerdem Material aus den sozialen Medien, präsentierte sich als eine Momentaufnahme eines Modephänomens, mit einem Fokus auf gesellschaftlichen, religiösen, sozialen, politischen und wirtschaftlichen Aspekten und ihren Verflechtungen.

Contemporary Muslim Fashions erfuhr sehr viel Gegenwind und ist die bislang am kontroversesten diskutierte Ausstellung in der Geschichte des Museum Angewandte Kunst. Ein Hauptteil der vielfältigen Kritik zielte darauf ab, dass die Schau die Unterdrückung der Frau propagiere, indem sie Bedeckungszwänge Frauen gegenüber, die in vereinzelten, muslimisch geprägten Regionen der Welt existieren, als Mode verherrliche. Tatsächlich waren Kritik an Unterdrückung und Zwang auch Thema der Ausstellung, in Dokumentarfotografien und künstlerischen Interventionen, doch lag der Schwerpunkt auf der Emanzipation muslimischer Frauen, *die selbstbestimmt* ihren Glauben leben und gestalten und das mit oder auch ohne Kopfbedeckung. Nur rund ein Drittel der Exponate wies Kopfbedeckungen auf, die als genuin *muslimisch* hätten gedeutet werden können.

Der Ausstellung ging es vor allem darum, die einseitige, *westlich-weiße Perspektive* auf Muslim:innen zu erweitern und Bewusstsein zu schaffen für ein weltweites (modisches) Phänomen, das unter Hashtags wie *#Mipsters (Muslim-Hipsters)* oder auf Instagram- und TikTok-Accounts Millionen begeisterte Follower erreicht und das auf den Straßen westlicher Metropolen längst gelebter Alltag ist. Auch ging es darum, eine westlich-weiße Vorstellung von Mode herauszufordern, multiperspektivisch zu denken, um einer Welt, die in ihrer Ausdifferenziertheit immer ▶▶

sichtbarer wird, gerecht werden zu können. Kritik erfuhr Contemporary Muslim Fashions auch dafür, dass sie bei bester Absicht dennoch Stereotype festigte und einer Dichotomie aus Wir und Die Anderen verhaftet blieb. Zwar wurden Musliminnen bei der Erarbeitung der Ausstellung beratend hinzugezogen, schrieben Beiträge im Katalog und trugen zum Rahmenprogramm bei, doch blieb es letztlich eine Ausstellung einer weißen Institution für ein vorrangig weißes Publikum und konnte dem Vorwurf der Exotisierung wenig entgegenbringen.

Dennoch war *Contemporary Muslim Fashions* ein wichtiger Beitrag zu einer notwendig zu führenden Debatte, die zu jenem Zeitpunkt mehr Fragen aufwarf, als sie hätte beantworten können: Welche Instrumentarien sind notwendig, um den Erfolg einer jungen muslimischen Style-Influencerin aus Malaysia, die weltweit Millionen Follower erreicht, einzuordnen? Wie ist das Kopftuch in all seiner Widersprüchlichkeit und Mehrfachkodierung interpretierbar? Gibt es überhaupt so etwas wie *muslimische Mode*? Warum war nur Mode für Frauen ausgestellt? Tappen nicht vielmehr Titel der Ausstellung und Auswahl der Exponate selbst in die Falle, die die Ausstellung eigentlich zu umgehen wünschte, und festigen Stereotype aus der Perspektive eines *weißen Blicks*?

LIFE DOESN'T FRIGHTEN ME
MODE UND REPRÄSENTATION

Die Folgeausstellung *Life doesn't frighten me – Michelle Elie wears Comme des Garçons* wählte von Beginn an einen anderen Weg. Sie zeigte die Comme-des-Garçons-Sammlung der in Köln lebenden Michelle Elie und stellte die hochinteressante und ebenso spezielle Melange aus japanischem Avantgarde-Design mit der Lebensrealität der Schwarzen Designerin und Stilikone Elie ins Zentrum des Interesses. Vor dem Hintergrund der Ermordung des Afroamerikaners George Floyd durch den Polizisten Derek Chauvin am 25. Mai 2020 in Minneapolis, Minnesota, und den darauffolgenden weltweiten Protesten der Black-Lives-Matter-Bewegung wurde die nur wenige Wochen

GRENZEN
DES TRAGBAREN

Mode von Comme des Garçons widersetzt sich jeder eindeutigen Sinn- und Funktionszuschreibung.

zuvor eröffnete Ausstellung auch zu einem (politischen) Kommentar auf Fragen der Repräsentation und Diversität Schwarzer Perspektiven in allen gesellschaftlichen Bereichen, gerade auch in der Mode und in Museumsräumen. Titelgebend für die Ausstellung war das gleichnamige Gedicht Maya Angelous von 1978 *Life doesn't frighten me*. Darin erzählt die Autorin, wie ein junges Schwarzes Mädchen selbstbewusst den Widrigkeiten ihres Lebens entgegentritt. Keine Angst vor dem Leben zu haben, ihm vielmehr mit Haltung entgegenzutreten, trug Michelle Elies Mutter ihr stets auf. Der Satz *Life doesn't fighten me* erinnert sie bis heute daran.

Elie wurde in Haiti geboren und wanderte mit ihren Eltern als Kind in die USA aus. In New York studierte sie in den 1990er-Jahren Design und jobbte als Model, nicht ganz so erfolgreich, wie sie es sich gewünscht hätte. Ihre Körperform und Hautfarbe entsprachen nicht den gewünschten Standards der damaligen Modewelt. Über die Entwürfe der japanischen Designerin Rei Kawakubo, die seit 1969 mit ihrem Label Comme des Garçons jede Saison aufs Neue die Grenzen der Tragbarkeit radikal auslotet, fand Elie zu einem ganz eigenen Körperbewusstsein. Bis heute ist es Kawakubos stete Herausforderung standardisierter Körperlichkeit, die Elie fasziniert und der sie sich leidenschaftlich widmet. Mode von Comme des Garçons widersetzt sich jeder eindeutigen Sinn- und Funktionszuschreibung. Die Entwürfe schaffen Raum um die Träger:innen, greifen in den Raum aus und nötigen sowohl Träger:innen als auch Betrachter:innen, sich räumlich zu inszenieren bzw. zu reagieren. Michelle Elie macht sich selbst zum dreidimensionalen Kunstobjekt aus Kleid und Körper in Bewegung

und überspitzt damit zugleich die Erfahrung Schwarzer Körperlichkeit in mehrheitlich weißen Räumen, fordert die Objektifizierung heraus, die diese historisch und bis heute erfahren muss, wird zum selbstbestimmten Subjekt. 50 Puppen, die nach ihrem Abbild gestaltet waren, verdeutlichen, dass es bei der Ausstellung einerseits um die Erfahrung Elies in Kleidern von Comme des Garçons ging, um das Spiel mit Raum und Bewegung, Blick und Darstellung, das Annehmen der eigenen Körperlichkeit, andererseits aber auch um die Besetzung eines politischen Raums, den des Museums, der seit jeher als anders Kategorisierte entweder ausschloss oder zum ausgestellten Objekt machte.

HOLD ON TO YOUR LOVE

Allen vorgestellten Ausstellungen liegt die Prämisse zugrunde, dass Mode verkörperte Haltung ist. Sie wird durch den Körper, der sie trägt und formt, im je spezifischen Kontext zu dem, was sie ist. Sie spiegelt Zeiten des Umbruchs, der Neu-Orientierung wider, ebenso vermag sie es, sich selbst herauszufordern, sich einzuverleiben, was sie nicht zu sein scheint, sie lebt im ambivalenten, nicht deutlich greifbaren Dazwischen. Halt gewinnt sie aus der Gewissheit heraus, dass sie sich stets wandeln wird, um immer wieder Abbild zu sein, von dem, was ist und sein wird. **X**

DR. MAHRET IFEOMA KUPKA

ist Kunstwissenschaftlerin, freie Autorin und seit 2013 Kuratorin für Mode, Körper und Performatives am Museum Angewandte Kunst in Frankfurt am Main.

Literatur:

Djurdja Bartlett (Hrsg.), **FASHION AND POLITICS**, Yale University Press, New Haven und London 2019

Jill D'Alessandro, Reina Lewis u. a. (Hrsg.), **CONTEMPORARY MUSLIM FASHIONS**. Prestel Verlag, München 2018

Caroline Evans, **FASHION AT THE EDGE: SPECTACLE, MODERNITY AND DEATHLINESS**, Yale University Press 2003

Mahret Ifeoma Kupka, **LIFE DOESN'T FRIGHTEN ME. MICHELLE ELIE WEARS COMME DES GARÇONS**, Köln 2021

Barbara Vinken, **ANGEZOGEN. DAS GEHEIMNIS DER MODE**, Klett Coda. Stuttgart 2014

Illustration: Claudia Klein

DEM EIGENEN WERTEKOMPASS FOLGEN

Mit Menschen verschiedener Generationen auf Augenhöhe zusammenarbeiten und dabei die eigene Haltung wahren – das ist die zentrale Herausforderung des heutigen Berufslebens.

Von Felix Bevermann

Der demografische Wandel verändert unsere Arbeitswelt und das Miteinander in den Teams. Jede Generation bringt ganz bestimmte Besonderheiten mit sich und diese wirken sich auf die Berufswelt aus. Diverse Perspektiven, Erwartungen und Kompetenzen treffen aufeinander – das bringt viele Vorteile mit sich, birgt aber andererseits Herausforderungen. Mehr

denn je wird es darauf ankommen, das Miteinander gemeinsam neu zu gestalten – und dabei seiner eigenen Haltung treu zu bleiben.

Seit dem Abschluss meines Wirtschaftsstudiums vor fünf Jahren bin ich in der Unternehmensberatung in Deutschland und Europa tätig. Mein Beruf ermöglicht es mir, verschiedene Entscheidungsträger:innen kennenzulernen und tagtäglich mit Kolleg:innen und Kund:innen einer breiten Altersspanne zusammenzuarbeiten. So ist es durchaus möglich, an einem Arbeitstag einige Stunden mit einem gleichaltrigen Team oder Kund:innen zu verbringen, am Nachmittag mit Seniorpartner:innen, die das eigene Unternehmen verantwortend leiten, die Stoßrichtung der nächsten Wochen zu besprechen und sich am Abend mit einem Finanzvorstand über die Wertentwicklung seines Unternehmens auszutauschen.

Jede Generation bringt einen eigenen Werte- und Kommunikationskompass mit. Die Kunst ist, sich auf sein Gegenüber einzustellen – und das mehrmals am Tag neu – ohne sich und die eigene Haltung dabei zu verlieren. Für mich ist Haltung etwas Positives: ein Zusammenspiel grundlegender Werte, die unser tägliches Miteinander prägen. Haltung bedeutet für mich Beständigkeit, Verlässlichkeit oder für etwas einzustehen, selbst wenn dies auf der Gegenseite Widerstand bedeutet. All dies sind Attribute, über die ich versuche, mich nachhaltig zu differenzieren, und die einen bedeutenden Unterschied machen können – vor allem in herausfordernden Situationen. Haltung im Berufsleben heißt, die eigene Individualität nicht zu verlieren – und das genauso dem Gegenüber zuzustehen.

Das ist gerade in der Berufswelt nicht immer einfach, denn die Generationen Y und Z, der ich angehöre, stellen andere Anforderungen an das (Berufs-)Leben und setzen tendenziell andere Schwerpunkte. Bei meinem aktuellen Arbeitgeber ist dieser Wandel spürbar: Themen wie das Wohlbefinden der Mitarbeitenden, Work-Life-Balance und flexible Arbeitszeiten treten immer mehr in den Vordergrund. Diese Ziele werden nicht mehr rein „weich" definiert, sondern mit klaren Kennzahlen, regelmäßigen Befragungen der Mitarbeitenden und im per-

sönlichen Austausch festgehalten und später konkret umgesetzt. Gleichzeitig verschmelzen die Grenzen zwischen Berufs- und Privatleben immer mehr. Ein gutes Beispiel für diese neue Lockerheit ist der Einzug des eher im privaten Bereich verwendeten „Du". Vor fünf Jahren hätte ich mich kaum getraut, im beruflichen Kontext eine Person mit dem persönlichen „Du" anzusprechen, heute ist dies häufig gang und gäbe. Vor allem die jüngeren Generationen setzen auf flache Hierarchien und Kommunikation auf Augenhöhe. Ist der berufliche Alltag also um einiges „lockerer" und weniger „streng" geworden?

Aus meiner Sicht täuscht dieser Eindruck. Durch die vermeintliche „Auflockerung" entsteht mehr Komplexität. Gab es zuvor ein klares Muster für das richtige Verhalten im Berufskontext, besteht jetzt die Erwartung, ein ganzes Verhaltensrepertoire abrufen zu können. Zum einem gibt es zwar mehr Flexibilität und flache Hierarchien, im Gegenzug werden aber ständige Erreichbarkeit und Leistung auf Abruf gefordert. Zum anderen fällt es Mitarbeitenden zunehmend schwerer, ihre Rolle im Team und Unternehmen zu finden. Gerade für neue Mitarbeitende ist es am Anfang schwer. Wie viel ist zu locker und wie viel ist zu verbohrt? Zudem sinkt die Hemmschwelle, Probleme offen anzusprechen. Das ist einerseits gut, auf der anderen Seite erschwert das persönliche „Du" eine professionelle Feedbackkultur, wenn es darum geht, Kritik zu üben. Das ist gerade aus Sicht der jüngeren Generationen nicht immer einfach.

Für mich persönlich war die Frage nach der Professionalität, die ich in meinem Arbeitsumfeld wahren möchte, ein großes Thema. Schließlich muss ich auch mit heiklen Situationen umgehen können, etwa wenn es darum geht, Kritik zu äußern oder ▸▸

eine Konfliktsituation in einem Onlinemeeting zu lösen. In Zeiten des digitalen Arbeitens überaus schwierig – und zwischen den verschiedenen Generationen noch viel mehr. In der Frage der Haltung geht es hierbei für mich vor allem darum, den Respekt voreinander nicht zu verlieren und auf Augenhöhe zu agieren. Man könnte es auch beschreiben als einen Spagat zwischen Authentizität und Individualität und gleichzeitig ein Professionelles Ich zu wahren.

Gelingt dieser Spagat, so ergibt sich daraus eine Chance: Der neue direkte, offene und lockere Umgang schafft Verbindung und nimmt Distanz. Es bietet sich uns allen eine große Möglichkeit, im Berufsleben, authentisch bleiben zu können, sich zu reflektieren und zu wissen, für was man einsteht und womit man sich am wohlsten fühlt. Hierbei muss ich keinen Unterschied zwischen Kollegen, Kolleginnen oder Vorgesetzten machen. Ich habe die Erfahrung gemacht, dass es sogar durchaus geschätzt wird, eine klare Meinung zu inhaltlichen Debatten zu haben, Diskussionen nicht zu scheuen und die eigene Position zu vertreten. Ziel ist dabei nicht, diese zwingend durchzusetzen, sondern dass mein Umfeld erkennt, dass ich für meine Themen einstehe und dadurch Kongruenz beweise.

Letztlich ist es in vielen beruflichen Situationen heutzutage eine Frage der Haltung, dem „Für-die-Sache-Einstehen" und der Standfestigkeit, die eigene Perspektive einfließen zu lassen.

In der Systemtheorie heißt es, dass Störfaktoren oder Reibungen erst die Dynamik von Gruppenkommunikation entfachen. Genau das konnte ich in meinen eigenen Teams erfahren: Angeregte Diskussionen auf Augenhöhe unter Berücksichtigung verschiedener Perspektiven führen auf lange Sicht zu besseren Arbeitsergebnissen. Hier kommt zudem der Unternehmenskultur eine zentrale Rolle zu. Eine gewisse Flexibilität und Anpassung an die Kultur sind ein wesentlicher Faktor für langfristigen Erfolg. Aber eine gute Unternehmenskultur ermutigt die Mitarbeitenden auch, Dinge anders zu machen und der eigenen Leitlinie treu zu bleiben. Gerade bei Berufsanfänger:innen fällt auf, dass sie die Unternehmenskultur regelrecht aufsaugen und sehr darauf bedacht sind, ihr Verhalten anzupassen. Obgleich eine gewisse Flexibilität in der eigenen Haltung wichtig ist, sollte ich an meiner persönlichen Überzeugung festhalten und die Frage des Arbeitsumfelds nicht nur einseitig beantworten („inwiefern passe ich zum Unternehmen?"), sondern zudem die Frage stellen, inwiefern das Unternehmen zu mir und meinen Werten passt.

Eine klare Wahrnehmung und Kommunikation der eigenen Haltung bietet die Möglichkeit, sich selbst zu differenzieren, und eine Chance, ein starkes, verlässliches Profil von mir selbst aufzubauen – ein Grundstein für einen erfolgreichen beruflichen Weg und für eine erfolgreiche Zusammenarbeit über alle Generationen hinweg. **X**

FELIX BEVERMANN

arbeitet zurzeit als Unternehmensberater für Finanzinvestoren und durfte in dem Zusammenhang auch internationale Erfahrung sammeln, unter anderem in Europa und dem Mittleren Osten. Er begann seine berufliche Laufbahn 2016 nach einem Studium mit den Schwerpunkten Betriebswirtschaftslehre und Finance an der WHU – Otto Beisheim School of Management sowie am Institut d'études politiques de Paris (Sciences Po).

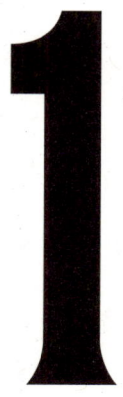

FAZIT

PERSPEKTIVEN Voraussetzung für ein gutes Gespräch ist, sich wirklich auf die andere oder den anderen einzulassen, zuzuhören und verstehen zu wollen.

Ob Mode, Sport, Beratung oder Soziologie – Haltung beschäftigt uns unabhängig von Alter, Background und Branche. Schauen wir zurück zur Ausgangsfrage und auf mein Anliegen mit diesem Buch: den Gefahren der Parallelwelten zu begegnen und miteinander im Gespräch zu bleiben.

Aus den unterschiedlichen Perspektiven aus Part 1 dieses Buches nehme ich mit, dass eine Voraussetzung für ein gutes Gespräch ist, sich wirklich auf die andere oder den anderen einzulassen, zuzuhören und ihre oder seine Haltung wirklich verstehen zu wollen. Dabei bedeutet verstehen nicht automatisch, auch einverstanden zu sein. Aber verstehen oder ernst nehmen sind Voraussetzungen für einen Diskurs, sozusagen die Basis. Das Andere kann auch Anerkennung und Respekt erlangen, wenn man es nicht teilt.

Das Verstehen ist für uns Menschen nicht immer einfach. Daniel Kahneman beschreibt dies in seinem herausragenden Werk „Schnelles Denken, langsames Denken" von 2012 sehr anschaulich: Unser Gehirn fokussiert sich auf zwei Systeme. Das System 1 ist unsere schnelle und intuitive Reaktion. Das System 2 bedeutet eine tiefere Reflexion, es ist langsamer und seine Prozesse sind für uns anstrengender. Ich habe die Erfahrung gemacht, dass wir diese Systeme recht gut unterscheiden können. Vielleicht haben Sie nach einem intensiven Tag – etwa nach der Ausgestaltung einer Strategie oder eines komplexen Projektes – auch schon einmal mentale Erschöpfung gespürt. Ich nenne so etwas gern „Muskelkater im Gehirn". Für mich ist so etwas ein Zeichen, dass ich sehr viel im System 2 unterwegs war.

Aus dem Diskurs in Part 1 ergeben sich für mich folgende Botschaften: Hinterfragen wir uns selbst, ob wir wirklich ernsthaft versucht haben, andere zu verstehen. Hinterfragen wir uns, ob wir wirklich ernsthaft zugehört haben. Oder ob wir öfter einmal der hier beschriebenen Versuchung erlegen sind, Andersdenkende als dumm zu etikettieren. Nutzen wir die Chance, die intuitive Reaktion unseres Systems 1 auch einmal zu hinterfragen. Aktivieren wir gezielt unser System 2 und gehen tiefer. Denn – so die Erkenntnis aus unserem Symposium – Haltung verlangt eine Anstrengung. Dies gilt ebenso für das Verstehen der Haltungen anderer. In dem Bewusstsein, dass verstehen nicht unbedingt bedeutet, einverstanden zu sein. **X**

MARTIN SEILER
Herausgeber

HALT

BRAUCHT

UNG
ENGAGEMENT

IM GEISTE VON

Von Sello Hatang und Verne Harris

FRIEDEN UND VERSÖHNUNG

Wie Nelson Mandela ein neues Miteinander für Südafrika schuf

Es ist 1986. Südafrika befindet sich in einem Ausnahmezustand, der das Land noch vier Jahre lang im Würgegriff halten wird. Nelson Mandela sitzt im Pollsmoor-Gefängnis in der Nähe von Kapstadt. Er wurde von seinen langjährigen politischen Mitgefangenen getrennt und beginnt, erste, vorläufige Gespräche mit hochrangigen Repräsentanten des Apartheid-Regimes über die Möglichkeit offizieller Beratungen zu führen. Es ist ein Moment großer Gefahr für ihn. Er hat die ersten Schritte ohne Rücksprache mit seinen Vertrauten getan und setzt die Gespräche nun ohne ihren Rat fort. Zugang zur Führung seiner Organisation, dem African National Congress (ANC), die sich außerhalb des Landes befindet, ist nahezu unmöglich. Das Apartheid-Regime setzt Geheimdienst, Psychiater und Experten ein, um aus diesem Moment möglichst viel herauszuholen. Sie dokumentieren jeden seiner Schritte und zeichnen alle seine Gespräche auf. An dieser Stelle gibt es für Mandela kein Zurück mehr.

Wenn er es dem Regime jetzt erlaubt, einen Keil zwischen ihn und die Führung des ANC zu treiben, oder falsche Zugeständnisse macht, ist alles vorbei. Eingeweihte befürchten das Schlimmste. Sein gesamtes zukünftiges Leben hängt von diesem Moment ab. Mandela zögert nicht. Er treibt die Gespräche unbeirrt voran. Einer seiner engsten Vertrauten, George Bizos, wird es später so beschreiben: „Er hat nicht einen einzigen falschen Schritt gemacht. Er trug die komplette Verantwortung, er hatte das Sagen."

Nelson Mandela stand sein Leben lang für ein demokratisches Südafrika ein. Er war 27 Jahre in den Gefängnissen des Apartheid-Regimes eingesperrt und vertrat seine Überzeugungen auch dann noch, als sie seinen sicheren Tod bedeuteten. Mit dem 1964 im Rivonia-Prozess ausgesprochenen Satz „...it is an ideal for which I am prepared to die" hat er Geschichte geschrieben. Als er im Jahr 1990 aus der Haft entlassen wird, hatte er seine Vision eines demokratischen Südafrikas in die Tat umgesetzt. Ohne Bitterkeit, sondern im Geiste von Frieden und Versöhnung. Nelson Mandelas Leben steht wie kaum ein anderes für Haltung.

Doch wie ist Nelson Mandela zu dem geworden, der er schließlich war? Auf der Suche nach Antworten auf diese Frage haben wir in der Nelson Mandela Stiftung im Zuge eines Forschungsprojekts eine Reihe von bemerkenswerten Aspekten zusammengetragen. Denn es ist evident, dass Mandela eine Reihe von herausragenden persönlichen Eigenschaften und Fähigkeiten hatte. Er hörte mehr zu, als er sprach. Er glaubte unabhängig von der jeweiligen Lebenssituation an das Gute im Menschen. Er hatte die Fähigkeit, seinen Schmerz als Lehrmeister anzuerkennen. Er übernahm auch unter schwierigsten Umständen Verantwortung. Er wusste, dass Selbstbefreiung ebenso wichtig ist wie die Befreiung einer ganzen Nation. Er hatte einen unglaublichen Sinn für Humor. Sein Gefühl dafür, wann was zu tun war, ist legendär. Seine Disziplin und seine Konsequenz gingen bis zur Selbstaufgabe. Und er hatte eine besondere Art, mit seiner eigenen Sterblichkeit umzugehen. Sie war ihm über die Jahrzehnte immer präsent, er hatte sich mit ihr angefreundet. Und am Ende seines Lebens half er den Menschen, die ihm nahestanden, sein nahendes Ende zu akzeptieren. **X**

> # DAS KENNZEICHEN GROSSER FÜHRUNGSPERSÖNLICHKEITEN IST ES, IHREN KONTEXT ZU VERSTEHEN UND ENTSPRECHEND ZU HANDELN.
>
> Nelson Mandela

Sello Hatang, CEO Nelson Mandela Foundation, & Verne Harris, Director of Archive and Dialogue der Nelson Mandela Foundation: **„I KNOW THIS TO BE TRUE"** about Nelson Mandela, Blackwell & Ruth Ltd, Auckland 2020

Übersetzung: Prof. Dr. Heiko Roehl

HELDENHAFT IM ALLTAG

Sie engagieren sich für andere. Aus Verantwortungsgefühl. Aus Dankbarkeit. Aus Familiensinn. So viele Gründe sie kennen, so viele Superkräfte haben sie auch. Die vielleicht stärkste: uns zu zeigen, wie das geht – ein Mit-Mensch zu sein.

IM KINO IST es leicht. Da trägt der Superheld oder die Superheldin ein Kostüm, das sie von allen anderen unterscheidet und weithin klar macht: Da ist jemand selbstlos für andere im Einsatz. Im wahren Leben sieht man es den Menschen nicht gleich an, ob und wie sie uns ein wenig die Welt retten.

Damit haben wir schon einen ersten exzellenten Grund, sie für ihr Engagement zu bewundern:

Dafür, dass sie sich nicht für Ruhm und Follower so engagieren, oder dafür, dass irgendwann einmal eine Comicserie nach ihnen benannt wird. Sie tun es aus einer grundsätzlichen Mitmenschlichkeit, einem Empfinden dafür, dass wir einander brauchen und verloren wären ohne Unterstützung von anderen. Auch aus dem Bedürfnis heraus, anderen Leid zu ersparen.

GLORIA MORENA
hat selbst häusliche Gewalt erlebt und will Mädchen und Frauen vor dieser Erfahrung bewahren.

GLORIA MORENA macht öffentlich, was ihr widerfahren ist, damit es nicht auch anderen passiert: Sie wurde von ihrem Ex-Mann immer wieder brutal traktiert, auch während ihrer ersten Schwangerschaft. Damals floh sie ins Frauenhaus und blieb dort ein Jahr, bis sie aus eigener Kraft zurückfand in ein selbstbestimmtes Leben. Die zweifache Mutter hält in ihrer Freizeit heute Vorträge in Schulen über häusliche Gewalt, spricht darüber in ihrem Podcast „mehrWert Frau".

Sie will aufklären, ermutigen, unterstützen und sensibilisieren.

Gewalt gegen Frauen, sagt die 35-Jährige über ihr Engagement, gehöre in die Öffentlichkeit, raus aus den heimischen vier Wänden, wo sie immer noch fast so etwas wie den mildernden Umstand einer Privatangelegenheit genieße. Mit schrecklichen Folgen. „Jeden dritten Tag wird in Deutschland eine Frau von ihrem Partner getötet. 140.000 Anzeigen wegen häuslicher Gewalt nimmt die Polizei jährlich auf." Dem gegenüber, erzählt die Marketingexpertin, stünden „lediglich 7.000 Plätze in Frauenhäusern". Gloria Morena will deshalb einen besonderen Ort schaffen, ein „SOS-Frauendorf, für alle, die Hilfe brauchen. Mit Sprachkursen, mit Ausbildungsmöglichkeiten." Das ist ihr nächstes Ziel.

Zugleich ist es Ausdruck einer weiteren typischen Held:innen-Eigenschaft: das Gegengift zur Ohnmacht zu sein. Zu zeigen, dass kämpfen sich lohnt. Und so selbst dort für ein Happy End zu sorgen, wo eigentlich keins vorgesehen war.

ANDREAS LAAKE hat genau das für sich getan – und tut es nun auch für andere. Der 61-Jährige spürt Kinder auf, die die DDR-Staatsführung ihren Eltern wegnahm und zur Adoption freigab. Er selbst hat erlebt, wie grausam es ist, „das Aufwachsen des eigenen Kindes nicht miterleben zu können. Nicht mal zu wissen, wo es ist." Laake wurde 1984 gemeinsam mit seiner schwangeren Frau bei einem Fluchtversuch über die Ostsee festgenommen und nahm damals alle Schuld auf sich. Während er in Haft war, setzten die DDR-Behörden seine Frau unter Druck, einer Adoption des Neugeborenen zuzustimmen. 29 Jahre forschte Laake nach seiner Freilassung in Kindergärten, Schulen, Betrieben, in Archiven und im Netz nach seinem Sohn, mit nichts weiter in den Händen als einem Babyfoto – bis sich die beiden 2013 endlich wiederfanden. So wie Laake seine verzweifelte Suche in den Netzwerken geteilt hatte, so teilte er nun dort sein Glück und erfuhr, wie viele Menschen ein ähnliches Schicksal haben. „Ich bekam Tausende von Zuschriften und jeder dritte, vierte Satz lautete: Ich suche immer noch mein Kind!" Manche seit mehr als 40 Jahren. „Eine 80-Jährige hat mir gesagt, dass sie nur noch einen Wunsch habe: ihr Kind wiederzufinden. Da kann ich nicht sagen: ‚Ich genieße jetzt mein Leben.' Ich muss etwas zurückgeben." Aus einer Facebook-Gruppe, die er mit seiner zweiten Frau gründet, entsteht quasi über Nacht die „Interessengemeinschaft gestohlene Kinder der DDR", die Betroffenen bei der Suche nach ihren Kindern oder Eltern unterstützt und das Thema dorthin bringt, wohin es gehört: in die Politik. Dafür organisiert Laake Sternfahrten, Demonstrationen und Gespräche mit Politiker:innen. Außerdem initiierte er eine Petition – mit erstem großem Erfolg: „Wir haben es geschafft, dass eine Clearingstelle finanziert wird, dass der Adoptionsparagraf geändert wurde und wir zu wissenschaftlichen Zwecken in Akten von Krankenhäusern, Archiven und Stasi hineinschauen dürfen."

ANDREAS LAAKE
suchte 29 Jahre nach seinem Sohn, den ihm die DDR-Staatsführung wegnahm. Jetzt spürt er für andere Menschen Kinder auf.

Dass man immer auch sehr viel für sich tut, wenn man sich für andere einsetzt, hat die Wissenschaft nachgewiesen.

Zahlreiche Studien belegen, dass Helfen glücklich macht. Wie es unsere Menschlichkeit, unsere Zuversicht, unsere Souveränität stärkt, wenn man erlebt, wie unendlich viel auch Einzelne bewegen können.

JUTTA SCHÜLE
weiß – mit Musik geht alles besser. Auch Inklusion. Deshalb bringt sie Menschen einmal im Monat zum Tanzen.

JUTTA SCHÜLE beschreibt dieses großartige Gefühl so: „Manchmal sehe ich in die von Freude erleuchteten Gesichter und heule, weil ich so viel zurückbekomme. Dann weiß ich, es ist all die Mühen wert." Seit zehn Jahren bringt die Stuttgarterin einmal im Monat Menschen zum Tanzen: Alte und Junge, Paare, Singles, mit und ohne Behinderung. „Beim Tanzen spielt es keine Rolle, ob du gesund oder psychisch krank bist. Der Spaß an Musik und Bewegung steht im Mittelpunkt." Er soll die Menschen herausholen aus ihrer Isolation und ins Leben bringen. Ein Plan, der jedes Mal aufs Neue aufgeht. „Es haben sich bei uns schon Paare gefunden und immer wieder habe ich erlebt, wie Menschen neuen Mut fassten, wie Freundschaften geschlossen wurden und sich so ein Gefühl von Teilhabe weit über die Veranstaltung hinaus eingestellt hat." „Zeit zum Tanzen" hat die ehemalige „Hilfeplanerin Sozialpädagogik" ihr Inklusionsprojekt genannt – ein Verein, aus dem mittlerweile auch die Tanzformation „Happy People" hervorgegangen ist. Um selbst unterrichten zu können, hat die zierliche 63-Jährige sogar die ziemlich harte Ausbildung zur Tanztrainerin absolviert. „Anderthalb Jahre, zehn Prüfungen, viel Theorie und noch mehr Praxis." Das alles nimmt die zweifache Mutter ehrenamtlich auf sich. „Geld würde ausschließen und also genau das Gegenteil von dem bewirken, was wir beabsichtigen." Für ihr Engagement ist Jutta Schüle 2016 zur Stuttgarterin des Jahres gekürt worden. Natürlich sei es schwer gewesen, den Tänzer:innen während des Lockdowns jenes Gefühl von beinahe schon familiärem Zusammenhalt zu vermitteln, von dem auch ihre Veranstaltung lebt. „Aber ich habe regelmäßig mit allen telefoniert, kleine Nachrichten verschickt, viele – auch tiefe – Gespräche geführt." Für den großen Auftritt der „Happy People" hat sie zur geplanten Stuttgarter Inklusions-Gala 2022 das Lied „Ich bin, was ich bin" ausgesucht. Die Selbstbehauptungshymne schlechthin. „Das ist genau das, was Inklusion vermitteln soll," sagt Jutta Schüle, und dass sie – solange es nur irgend geht – weiterhin dafür sorgen will, dass gerade jenen, für die das Leben manchmal so schwer ist, beim Tanzen das Herz leicht wird.

Helfen macht viel Arbeit.
Aber auch viel Freude.

Und es ist wie eine Nabelschnur, die uns mit anderen verbindet. Ein unausgesprochener Vertrag, der besagt, dass wir füreinander da sind. Und vielleicht das stärkste Beruhigungsmittel überhaupt. Etwas, das immer mehr Menschen verstanden haben. So lautet das Ergebnis des neuesten Freiwilligensurvey, der das Engagement der Menschen in Deutschland abbildet. Etwa 40 Prozent von ihnen, das sind etwa 28,8 Millionen Personen, gehören demnach zur „Unterstützerszene" – sie leisten in der Sportgruppe für Kinder, bei den Tafeln für Bedürftige, für den Umweltschutz und bei vielen anderen Gelegenheiten freiwillig Großes. Nicht mitgezählt jene, die ganz allein und in Eigeninitiative tätig werden.

FLORIAN FRUECHEL ist so einer. Er war einmal wieder mit seinem Hund spazieren, als er beschloss, sich nicht mehr länger über all den Abfall in der Landschaft rund um seinen Heimatort Heusenstamm in Hessen nur zu ärgern. „Es ist nicht mein Müll, aber mein Planet": Nach dieser Devise begann er einzusammeln, was herumlag. „Zunächst in den Hundekotbeuteln. Immerhin passen da 50 Zigarettenstummel rein oder 20 bis 30 Papiertaschentücher." Dann wurden die Behälter immer größer und mit ihnen auch der Zeitaufwand. Seit mittlerweile zwölf Jahren ist der 29-jährige Landschafts- und Gartenbauer nun beinahe jedes Wochenende mit Fahrrad und Anhänger unterwegs, um zu tun, was er nicht mehr lassen kann. In den Ohren meist Fólk Metal – eine Musik, die, wie er findet, den perfekten Soundtrack für das abgibt, was ihm da auf seinen Wegen begegnet. Sie macht für ihn erträglich, was er regelmäßig findet. Nicht nur einen enormen Hang zur Trägheit – „durch Corona ist der ganze Food-Verpackungsmüll noch einmal viel schlimmer geworden". Es ist manchmal auch eindeutig kriminelle Energie, die sich in der Natur offenbart. „Es gibt nichts, was nicht im Wald abgeladen wird: Kühlschränke, Reifen, sogar Tresore." 9.000 Kilo Müll, schätzt er, hat er bislang gesammelt. Immer öfter bekommt er dabei Gesellschaft. Andere unterstützen ihn, begleiten ihn bei seinen Touren, folgen ihm auf Facebook oder Instagram. „Ich möchte Menschen inspirieren", sagt er, und dass er darauf aufmerksam machen will, worum es geht:

Jeder kann etwas tun. Im Großen wie im Kleinen.

FLORIAN FRUECHEL
räumt jedes Wochenende in der Natur auf. Seine Devise lautet „Nicht mein Müll, aber mein Planet".

Wobei das eine vom anderen kaum zu unterscheiden ist. Weil Kleines so unendlich Großes bewirken kann. Besonders, wenn man sich täglich, wie so viele, jahrzehntelang um Angehörige kümmert. In aller Stille und mit einer so großen Selbstverständlichkeit, als würde das wie der Sonnenaufgang zum Leben gehören. Als wäre Wegducken nicht mal in Gedanken vorgesehen.

ANDREAS ENGERT
hat noch mit 93 Jahren eine Menge Hausaufgaben: Er kümmert sich Vollzeit um den behinderten Stiefsohn.

ANDREAS ENGERT aus Dittelbrunn in Bayern jedenfalls sagt, für ihn sei es „überhaupt keine Frage" gewesen, dass er sich auch nach dem Tod seiner Frau 2003 um seinen behinderten Stiefsohn Joachim kümmert. Das macht der 93-Jährige, ehemals Leiter der Hochbauabteilung im Landratsamt Kissingen, bis heute. Die Rund-um-die-Uhr-Betreuung eines 61-Jährigen mit Diabetes und auf dem Entwicklungsniveau eines Kindes sei zwar eine Herausforderung, sagt Engert, aber eine, „die sehr viel Freude macht". Der Männerhaushalt ist bestens durchgetaktet – montags Sauna, freitags Schwimmen, sonntags schauen, wie der FC Schweinfurt 05 spielt, dazu Fernsehen, Kreuzworträtsel, Basteln nach Feierabend, wenn Joachim aus der Tagesbetreuung zurückkommt und die beiden ihr Abendessen hatten. Selbst gekocht natürlich. Aus erster Ehe hat Engert einen Sohn und eine Tochter, aus der zweiten stammt ein weiterer Sohn. Zur Familie gehören außerdem sechs Enkel und drei Urenkel. Alle sind beeindruckt, wie ihr Vater, Großvater, Urgroßvater das alles stemmt. Besonders aber Enkel Michel, als ausgebildeter Pfleger ist er vom Fach. Es sei „stark", was der Großvater da leiste. Anerkennung gab es auch von höchster Stelle. Denn unter anderem für die Pflege in Eigenregie verlieh Markus Söder Andreas Engert das Ehrenzeichen des Bayerischen Ministerpräsidenten für Verdienste von im Ehrenamt Tätigen. Nicht dass es Menschen wie Andreas Engert, Florian Fruechel, Jutta Schüle, Andreas Laake oder Gloria Morena darauf ankommen würde. Aber gerade deshalb haben sie alle Anerkennung verdient, die man bekommen kann. Auch weil sie uns immer wieder daran erinnern, wie viel Glück, Sinn und Perspektive gerade dort zu finden ist, wo das Wir und nicht das Ich ganz vorne auf der Lebensbühne steht.

Wo man handelt, statt zu resignieren. Am Ende ist das die größte Superkraft der Alltagsheld:innen. x

ÜBERZEUGUNGS-TÄTER:INNEN

VON DER HALTUNG ZUR HANDLUNG

Ehrenamtliches Engagement umfasst Tätigkeiten, die von Freiwilligen im öffentlichen Raum und gemeinschaftsbezogen ausgeübt werden.

Im Jahr 2019 übten **39,7 PROZENT** der Personen ab 14 Jahren in Deutschland mindestens eine freiwillige Tätigkeit aus.

Zwischen 2009 und 2014 ist der Anteil von einem gleichbleibenden Niveau um knapp **9 PROZENT GESTIEGEN.**

Mögliche Gründe dafür sind u. a.:

 **Veränderte Lebenssituation älterer Menschen**

 **Bildungsexpansion**

 **Zunehmende öffentliche Thematisierung von Engagement**

Im Ehrenamt herrscht GLEICHBERECHTIGUNG!
Anteile freiwillig engagierter
Personen nach Geschlecht (2019)

40,2 %   39,2 %

Prozentualer Unterschied statistisch nicht signifikant

LEBENSLANGES ENGAGEMENT!?
Anteile freiwillig engagierter
Personen nach Altersgruppen (2019)

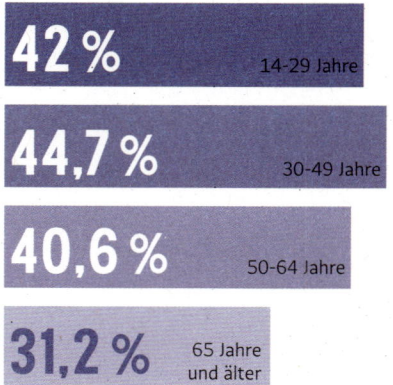

42 %   14-29 Jahre

44,7 %   30-49 Jahre

40,6 %   50-64 Jahre

31,2 %   65 Jahre und älter

MEHR FREIWILLIGE, WENIGER ZEIT
**Stundenumfang pro Woche
für die freiwillige Tätigkeit**

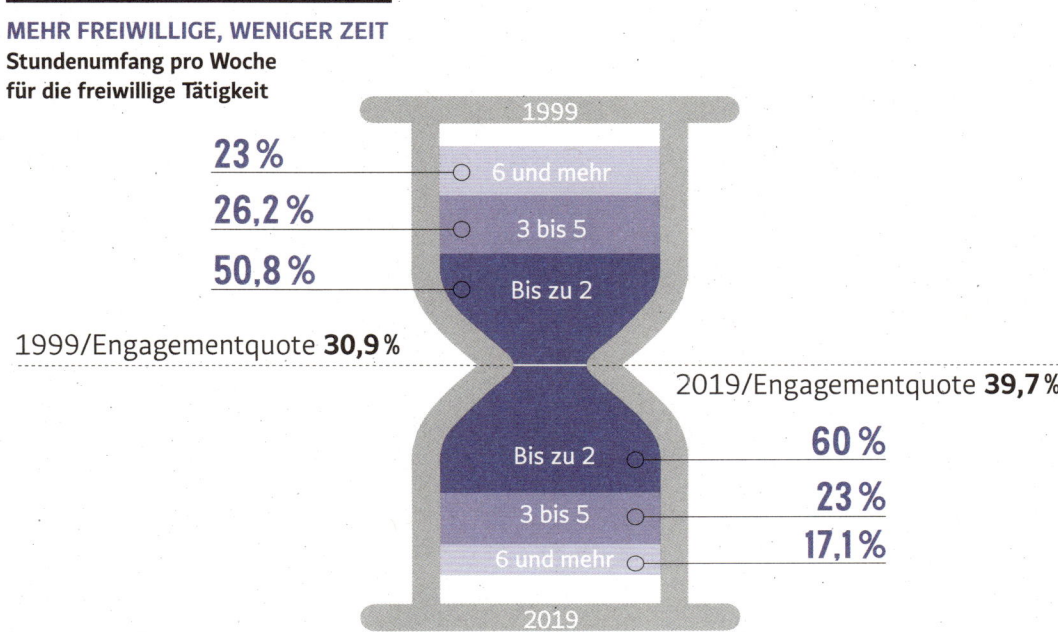

1999

23 % — 6 und mehr
26,2 % — 3 bis 5
50,8 % — Bis zu 2

1999/Engagementquote **30,9 %**

2019/Engagementquote **39,7 %**

Bis zu 2 — **60 %**
3 bis 5 — **23 %**
6 und mehr — **17,1 %**

2019

28,8
MILLIONEN

Menschen haben
sich im Jahr 2019
freiwillig engagiert

SPASS UND HALTUNG SIND
KEIN WIDERSPRUCH
Motive von freiwillig Engagierten
(Mehrfachnennungen erlaubt)

93,9 %	Spaß haben
88,5 %	Anderen Menschen helfen
87,5 %	Etwas für Gemeinwohl tun
80,4 %	Gesellschaft mitgestalten
72,4 %	Mit anderen zusammenkommen
63,1 %	Gutes zurückgeben

Quelle: „FREIWILLIGES ENGAGEMENT IN DEUTSCHLAND. DER DEUTSCHE FREIWILLIGENSURVEY 2019",
Deutsches Zentrum für Altersfragen, www.dza.de, (Zugriff am 08.11.2021)

EINSATZ FÜR ANDERE – NEUER MUT FÜR MICH SELBST

In einer schwierigen Lebensphase half mir das Ehrenamt,
wieder nach vorn zu blicken.

Von Beate Chudowa

Zum Ehrenamt bin ich 2008 eigentlich durch einen Zufall gekommen. Aber den habe ich beim Schopf gepackt! Mir ging es zum damaligen Zeitpunkt nicht sehr gut. Ich lebte erst seit ein paar Jahren im Berliner Brunnenviertel, wir waren nach der Wende aus dem Ostteil der Stadt dorthin gezogen und ich kannte niemanden. Mein Mann war den ganzen Tag arbeiten und ich saß zu Hause, völlig isoliert. Ich hatte keinen Job, weil ich mein kleines Geschäft für Sportbekleidung, das ich mir aufgebaut hatte, wegen eines Burn-outs schließen musste. Es war mir alles zu viel geworden: die Kinder, eines davon Leistungssportlerin, der Laden, dann noch die Pflege meiner dementen Schwiegereltern – ich war dauernd in Alarmbereitschaft.

Irgendwann konnte ich nicht mehr und igelte mich ein. Mir wurde klar: Du musst in deinem Leben etwas anders machen.

Als dann eine Sanierung an unserem Mietshaus anstand, initiierte unser Wohnungsbauunternehmen die Gründung eines Mieterclubs. Zur Unterstützung wurden uns diverse Institutionen aus dem Kiez vorgestellt. So lernte ich den Stadtteilverein Brunnenviertel e. V. kennen. Ich fand die Idee eines Stadtteilvereins sofort interessant und habe gedacht: „Da mache ich mit!"

Der erste Besuch in den Vereinsräumen war allerdings ernüchternd. Mehr Kaffeeklatsch als wirkliche Stadtteilarbeit. Also habe ich die Dinge selber in die Hand genommen und

Projektideen eingereicht. Über die Projekte haben wir den Verein dann wieder aufgepäppelt. Heute ermöglichen wir Initiativen und Einzelpersonen, Ideen und eigene Projekte zu entwickeln, und stellen dafür unser Know-how zur Verfügung. Das geht von Urban Gardening über Bildungsprojekte bis hin zu einem Podcast mit Menschen ohne deutschen Pass, um ihnen im Superwahljahr 2021 eine Stimme zu geben – im Brunnenviertel haben ca. 65 Prozent der Bewohner einen Migrationshintergrund. Durch diese Projekte entsteht ein Austausch zwischen den Menschen, den es im Kiez sonst nicht geben würde. Wir haben fast überall Tiefgaragen, die Leute fahren mit dem Auto rein, dann mit dem Fahrstuhl hoch zur Wohnung. So kommt man ja nicht ins Gespräch.

Kurz nachdem ich mit der Vereinsarbeit begonnen hatte, bin ich auch zum Quartiersrat gestoßen, weil ich dem Verein dort eine Stimme geben wollte. Der Quartiersrat ist eine gewählte Interessenvertretung der Kiezbewohnerschaft, in der auch die örtlichen Institutionen repräsentiert sind. Ich wurde dann ziemlich schnell Quartiersratssprecherin und lernte darüber unglaublich viele Leute kennen, baute Kontakte zu ebenfalls aktiven Nachbarn aus, zu anderen Interessensvertretern und Ämtern. Heute habe ich auf meinem Handy ca. 400 Kontakte gespeichert. Ich sehe es so: „Wenn du nur drei Leute kennst, mit denen du gar nicht klarkommst, hast du ein Problem. Aber wenn du 100 kennst und drei sind schwierig, sagst du dir: So ist das Leben."

Die Arbeit als Quartierssprecherin war für mich wie eine kostenlose Schulung: Ich hatte vorher nie etwas mit Ämtern und Behörden zu tun gehabt. Jetzt musste ich mich mit deren Vorgängen vertraut machen. Heute kenne ich mich mit Verfügungen und Anordnungen gut aus. Auch persönlich habe ich viel mitgenommen. Zu Beginn hatte ich Ängste, mit den Vertretern von Bezirk und Institutionen zu diskutieren. Ich besaß ja nicht einmal mehr die richtige Kleidung für so etwas und wusste nicht, wie ich mich verhalten sollte. Dabei liegt mir das eigentlich im Blut. Ich hatte auch schon mal vor 200 Gewerkschaftlern gesprochen – der Mut dazu war nur durch meinen Burn-out irgendwie verloren gegangen. Da hatte ich dicht gemacht, um nicht verletzt zu werden.

Durch die Arbeit im Quartiersrat konnte ich mir mein Selbstbewusstsein Stück für Stück zurückerobern. Ich habe wieder gelernt, mich zu artikulieren, Diskussionen auszuhalten und abzuschätzen, wie weit ich mich öffne und etwas preisgebe, und wo ich eine gesunde Grenze ziehen muss. Ehrenamt hat viel mit „Gebraucht-werden" zu tun, aber man muss aufpassen, sich dabei nicht zu überfordern. Das ist eine Schule fürs Leben, die ich jedem empfehlen kann. Wenn die Leute wüssten, wie viel Gutes man beim Ehrenamt nicht nur für andere, sondern auch für sich selbst tut, würden es bestimmt noch mehr Menschen machen.

Im Mai 2021 habe ich den Vorsitz im Quartiersrat abgegeben, ich bin jetzt Ende 60, da ist es Zeit, den Platz für neue Engagierte freizumachen. Jeder hat sein spezielles Interessengebiet und bringt neue Ideen in die Quartiersratsarbeit ein. Im Verein bleibe ich aber zunächst noch Vorsitzende.
Die Arbeit geht weiter und sie macht mir immer noch Freude. **X**

Beate Chudowa
gehört zum Team des Brunnenviertel e. V. in Berlin, der im Kiez viel bewegt.

MOMENTE MIT HALTUNG

Über alle Zeiten bleibt eines gleich:
die Strahlkraft von Menschen, die für ihre
Überzeugung eintreten.

SICHTBAR
Zunächst als Schutz
gegen Tränengas
gedacht, wurden die
gelben Regenschirme
2014 in Hongkong zum
Symbol des Kampfes
für Demokratie.

DEMÜTIG
Der Kniefall von
Bundeskanzler Willy
Brandt im Dezember
1970 vor dem Mahnmal
für die Opfer des
Warschauer Ghetto-
Aufstands gilt als erster
Schritt der deutsch-
polnischen Aussöhnung
– er bewegte die Welt.

BEHARRLICH
Beginn einer globalen
Bewegung: Mit nur
16 Jahren wurde Greta
Thunberg aus
Schweden weltbekannt
und setzte Zeichen mit
ersten Klimastreiks.

SKOLSTREJK FÖR KLIMÂTET

GEMEINSAM
Live Aid, das von Bob Geldof und Midge Ure 1985 organisierte Konzert, vereinte Menschen weltweit im Kampf gegen Hunger.

AUFWÜHLEND
Tierschützer versuchen, gestrandete Wale zurück ins Meer zu lotsen, damit sie nicht wie jährlich zweitausend ihrer Artgenossen an Land verenden.

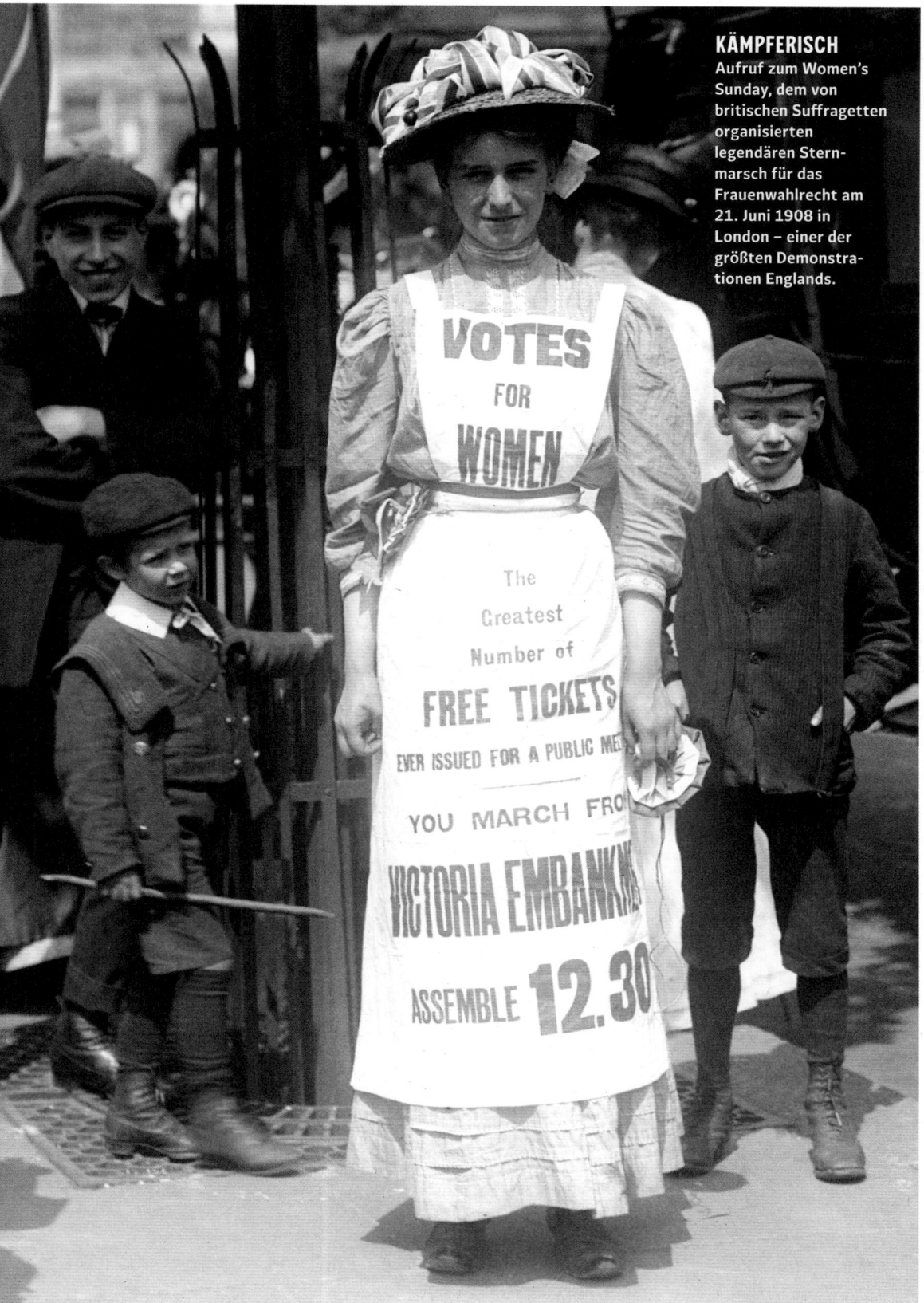

HUMOR

Ein Interview mit Florian Schroeder

WILL NICHT

BESTÄTIGEN

Er parodiert Politiker und erklärt Querdenkern Hegel.
Kabarettist Florian Schroeder über die Frage, wie viel
Haltung in Unterhaltung steckt.

Herr Schroeder, Sie haben Germanistik und Philosophie studiert. Wie kommt man da zum Kabarett? Der Weg war eigentlich umgekehrt. Ich wollte recht früh in die Unterhaltung und irgendwas zwischen Thomas Gottschalk und Harald Schmidt werden, das waren die Vorbilder meiner Jugend. Mit 15 Jahren begann ich beim Radio in Freiburg zu arbeiten und stand dann nach dem Abitur vor der Frage: „Was machst du jetzt?" Für Philosophie entschieden habe ich mich, um neue Horizonte kennenzulernen, ein tieferes Verständnis der Welt zu haben und strukturierter denken zu lernen.

Im August 2020 haben Sie Ihre philosophischen Kenntnisse bei einer Querdenker-Kundgebung eingebracht, indem Sie versucht haben, dem Publikum Hegels Dialektik zu erklären. Ist das gelungen?
Ein Teil der Leute hat das verstanden und fand es auch gut. Es war nicht die Mehrheit, aber es gab sie. Aber natürlich ging die Botschaft weit über den Raum des Schlossgartens Stuttgarts hinaus. Insgesamt haben um die zehn Millionen Menschen das Video über YouTube, Facebook und Twitter abgerufen und von denen haben viele die Botschaft verstanden. Es war ja der Versuch zu zeigen, wie ein beweglicheres Denken aussehen könnte, bei dem man sich nicht in die eigene ideelle Trutzburg einschließt. Dieses Thema geht weit über die Querdenker hinaus.

Kann Humor so etwas wie ein trojanisches Pferd für wichtige Themen sein?
Ja, absolut. So war es in diesem Fall auch. Die Querdenker-Veranstalter hatten eine Nummer von mir, in der ich einen Verschwörungsideologen spielte, als ernsthafte Botschaft missverstanden und mich eingeladen. Nur so wurde es möglich, mich als trojanisches Pferd einzuschleusen. Ich glaube, dass es ein wesentlicher Kern der humoristischen Arbeit ist, immer wieder überraschend zu sein. Das heißt auch, nicht nur zu den Bekehrten zu predigen, sondern rauszugehen und sich auch dahin zu stellen, wo nicht die eigenen Fans sind, sondern Leute, die einen vielleicht nicht mögen. Dafür muss man sich nicht in Lebensgefahr begeben, aber mindestens diesen Zwischenraum suchen, um eine gewisse Überraschung und Verwirrung zu stiften. Denn im Gegensatz zur Volksmusik und zum Schlager ist es eben nicht die Aufgabe des Humors, nur zu bestätigen.

Was macht denn handwerklich eine gute Satire aus?
Eine gute Satire trifft das Opfer der Satire, ohne es zum Opfer zu machen – und sie würde nie Witze machen über Leute, die es nicht verdient haben. Ich belustige mich zum Beispiel nicht über Flutopfer oder behinderte Menschen. Gute Satire versucht, ins Detail zu gehen, sich so gut wie möglich auseinanderzusetzen, und ist auch noch lustig dabei. Sie nimmt im besten Sinne den Angegriffenen ernst.

Hat das auch etwas mit Respekt gegenüber demjenigen zu tun, den man aufs Korn nimmt?
Man muss auf der einen Seite respektlos sein und auch über gewisse Grenzen gehen. Es muss böse sein. Es muss sogar an die Grenzen dessen gehen, was sagbar ist. Aber trotzdem bleibt paradoxerweise ein Grundrespekt da, weil es nicht darum geht, jemandem sein Existenzrecht abzuerkennen. Und weil der Satiriker natürlich auch irgendwie enttäuscht von der Welt ist, was eine Erwartung voraussetzt. Ich finde, die schönste Definition ist von Peter Sloterdijk, der in der Kritik der zynischen Vernunft sagt: „Der Zyniker   ▶▶

ist eigentlich ein Grenzfall-Melancholiker, der die Grenze zum Zynismus überschritten hat."

Sie sind als Stimmenimitator erfolgreich und machen wirklich sehr lustige Parodien auf Politiker:innen. Wie nähern Sie sich diesen Menschen?

Im Grunde auf drei Ebenen: Die wichtigste Ebene ist die rein journalistische, nämlich zu verfolgen, was diese Leute machen, Interviews und Einordnungen zu lesen. Die zweite Ebene ist die psychologische. Das heißt, die Figur zu studieren: Was sagt die Körpersprache, was sagt die Mimik? Wo sind Unsicherheiten? Wo sind Brüche? Das ist im besten Sinne psychologisches Verstehen, weil da kein Urteil sein darf. Die dritte Ebene ist die schauspielerische, auf der man im besten Fall die ganze Figur quasi körperlich in sich aufnimmt und sich beim Spielen wie die Person fühlt. Dann ist die Parodie überzeugend. Nehmen wir an, wir reden über Angela Merkel und ich würde in diese Figur gehen, dann würde ich auch direkt anders mit Ihnen sprechen (verfällt in Angela Merkels Sprachduktus) ...

DIE GRENZEN DES HUMORS LIEGEN AUF DEM BODEN DES GRUNDGESETZES – BIS DAHIN GIBT ES ZUNÄCHST KEINE GRENZEN.

und dann würde ich nicht sagen, ob es hier um Psychologie geht, sondern dann würde ich Ihnen sagen, dass wir eine Lösung finden müssen, und die werden wir finden.

Muss man als Humorist, als Satiriker ein Menschenfreund sein?

Nein, muss man nicht. Man kann auch durch die Welt gehen und Menschen überhaupt nicht mögen. Selbst große Entertainer, die sehr geliebt wurden, waren tiefe Zyniker und Menschenverächter. Rudi Carrell zum Beispiel. Ich glaube nicht, dass man aus einer Philanthropenperspektive bessere Satire macht. Aber ein Rest Idealismus, egal wie gut er versteckt ist, sollte in jedem guten Satiriker leben. Sonst wird es schnell nur noch herablassend.

Wo liegen denn die Grenzen des Humors?

Die Grenzen liegen auf dem Boden des Grundgesetzes. Sie liegen da, wo Gerichte entscheiden – bis dahin gibt es zunächst keine Grenzen. Das finde ich als Prämisse wichtig, weil wir heute so viele Geschmacksdebatten führen ▸▸

und so viele Debatten, bei denen Leute versuchen, im Sinne des Guten festzulegen, über wen man sich lustig machen darf und über wen nicht, dabei aber häufig das Geschäft von Antidemokraten betreiben. Trotzdem bleibt ein Widerspruch. Ich habe mich beim Schreiben meines neuen Buches „Schluss mit der Meinungsfreiheit!" nochmal mit Charlie Hebdo und den Mohammed-Karikaturen beschäftigt. Wenn ich auf dem Wert bestehe, dass wir uns grundsätzlich über alles lustig machen dürfen, müssen Witze über den Papst genauso drin sein wie über Mohammed. Aber was machen wir, wenn wir damit an eine Grenze stoßen, die Menschen auf einer Ebene trifft und verletzt, die wir vielleicht überhaupt nicht sehen und nicht verstehen können? Dann ist der Verweis darauf, sich über alles lustig machen zu dürfen, letztlich eurozentristisches Denken. Diese Ambivalenz kann ich nicht lösen. Ich verteidige nach Abwägung im Zweifel die Satire, aber es bleibt ein Widerspruch.

Inwieweit müssen Sie durch Ihre Arbeit mit Anfeindungen oder Bedrohungen leben?
Das ist leider immer wieder ein großes Thema. Ich hatte auch nach „Querdenken" viele ernst zu nehmende Bedrohungen, aber ich beklage mich nicht. Das ist der Preis der Arbeit. Ich weiß, dass es Menschen wie Karl Lauterbach gibt, der damit ganz offensiv umgeht. Ich respektiere das sehr. Aber es ist nicht mein Weg. Ich finde es viel dramatischer, was Menschen passiert, die nicht in einer so kraftvollen Position sind wie ich. Privatpersonen, die auf Social Media angegangen werden, deren Existenzen teilweise zerstört werden. Auf sie würde ich im Zweifel eher die Aufmerksamkeit lenken als auf einen wie mich.

Sind Sie ein Kritiker der sozialen Medien?
Das Problem ist das Geschäftsprinzip dieser Netzwerke. Im Grunde haben sie kein Interesse an der Löschung solcher Beiträge, weil sie Inhaltsfeinde sind. Ob wir Mordgelüste reinschreiben oder Herzchen verteilen, ist relativ egal, weil es ihnen um Verweildauer geht, nicht um Inhalte. Die Publisher sind wir, die sozialen Netzwerke haben lediglich den Status einer Telefonleitung und das ist ein Skandal, weil sie sich völlig aus der Verantwortung ziehen – und das rechtlich von der EU und von den amerikanischen Gesetzgebern zugelassen und verabschiedet. Aber dennoch bin ich immer ein Befürworter von sozialen Medien. Ich finde es wichtig, dabei zu sein und ich finde, wenn man sie richtig einsetzt, dann sind sie bereichernde Medien, in denen ich viel lernen kann. Wie oft haben wir schon gedacht: Jetzt endet alles! Erst kam der Buchdruck und man dachte, das ist der Untergang. Dann war es das Fernsehen, das uns angeblich alle umbringt. Jetzt ist eben das Internet da und wir müssen eine Souveränität im Umgang mit diesem Füllhorn an Meinungen und Positionen finden.

In den 1980ern malte der Medienkritiker Neil Postman in „Wir amüsieren uns zu Tode" ein Untergangsszenario, in dem er die Fernsehunterhaltung kritisiert, weil sie angeblich die Menschen ihrer Urteilskraft beraubt. Haben wir zu viel Unterhaltung und zu wenig Haltung im TV?
Ich würde eher sagen, es geht wieder hin zu sehr viel Haltung, manchmal schon zu viel, weil es so erwartbar ist. Beispielsweise gibt es bei Krimis häufig ein dichotomes Weltbild aus Tätern und Opfern. In öffentlich-rechtlichen Produktionen bemüht man sich dann noch, dem Krimi eine Message zu geben und einen gesellschaftlichen Konflikt abzubilden. In Quizshows dreht es sich ebenfalls ausschließlich um die Frage von „richtig" ▶▶

oder „falsch". Und in Satireformaten geht es auch sehr stark um Haltung. Haltung, wie sie die Medien im Moment definieren, bedeutet, gegen den Gegner zu bestehen und die eigene Position zu verteidigen. Das was ich eigentlich spannend an Haltung finde, ist jedoch, dass sie beweglich ist. Ich kann meine Haltung zu einem Thema verändern, ohne opportunistisch zu werden. Ich lerne dazu. Ich kann mit meiner Haltung offensiv sein, oder zurückhaltend, zweifelnd, vielleicht fragend. All das sind Haltungen, und diese spielerische Beweglichkeit geht nach meiner Wahrnehmung verloren. Ich finde das schade, weil es in meinen Augen zu einer Infantilisierung beiträgt, wenn ich immer an die Hand genommen werden soll. Ich denke da an Adorno, der mal gesagt hat, das Barbarische ist das Buchstäbliche, also das alles bis ins letzte Detail Erklärende. Es ist den Leuten durchaus zuzumuten, dass sie sich stärker auseinandersetzen.

Sie sagten bei der Querdenker-Veranstaltung den wunderbaren Satz: „Freiheit heißt, einen wie mich auszuhalten." Wie wichtig ist Satire als Instrument der Meinungsfreiheit für die Demokratie?

Sehr wichtig, das sieht man ja an den Debatten der letzten Zeit, die sich intensiv mit der Satire auseinandersetzen. Ich finde es gut, dass Satire so ernst genommen wird, denn es ist eine Kunstform, die der Gesellschaft viel geben kann, wenn sie auf einem entsprechenden Niveau betrieben wird. Leider wird immer wieder die Rolle der Satiriker falsch verstanden. Da wird dann das, was Künstler in ihrer Bühnenprosa thematisieren, identifiziert als etwas, was sie privat denken und immer schon mal sagen wollten. Ich würde mir hier eine differenzierte Debatte wünschen, auch über die Frage, wo unter welchen Bedingungen wir in Form von Satire über das Sagbare hinausgehen können. Unser Luxus ist ja gerade, dass ich auf der Bühne im richtigen Zusammenhang und wenn es luzide ist, sogar Rassismus verbreiten kann, wenn ich dabei klarmache, dass ich ihn verurteile und dass ich es mache, um den Leuten rassistische Mechanismen aufzuzeigen. Gerhard Polts „Mai Ling" aus dem Jahr 1970 ist ein großartiges Beispiel dafür.

Ihr neuestes Buch thematisiert die Grenzen der Meinungsfreiheit. Viele sehr unterschiedliche Gruppierungen sehen die Meinungsfreiheit im Land gefährdet, gleichzeitig sind so viele kontroverse Meinungen öffentlich zugänglich wie nie zuvor. Wie erklären Sie sich diese Diskrepanz?

Es ist keine Frage, dass wir eher mehr Meinungsfreiheit haben als je zuvor. Was wir allerdings auch haben, ist eine wachsende Enge der Debattenkultur und des Diskurses. Und dafür gibt's ganz unterschiedliche Ursachen. Auf der einen Seite hat jeder Internet-Post die Möglichkeit, viral zu gehen, also quasi pandemische Wirkung zu haben. Das ist eine relativ junge Entwicklung, die viele Leute für zweifelhafte Zwecke nutzen. Hier gibt es eine Entgrenzung des Sagbaren. Selbst Politiker können sagen, „das Dritte Reich war ein Vogelschiss" und haben im Grunde keine Konsequenzen zu befürchten. Dies sorgt auf der anderen Seite für eine erhöhte Achtsamkeit, wie wir eigentlich miteinander reden wollen. Dadurch kommt diese paradoxe Situation zustande. Dabei ist es vielmehr ein Hinweis darauf, dass wir eine hoch militarisierte Art des Miteinandersprechens haben. Es wird nicht mehr versucht, den anderen zu verstehen, sondern nur noch eine geeignete Schublade zum Hineinstecken zu finden.

Sie werben in dem Buch für lustvollen und produktiven Streit. Wie geht das?

Es beginnt damit, dass man den ►►

WENN SATIRE MEINE ABGRÜNDE AUFZEIGT, IST DAS EINE LEICHTE UND SCHÖNE FORM, ÜBER MICH NACHZUDENKEN.

Florian Schroeder ist Kabarettist, Moderator, Autor und Träger des Deutschen Kleinkunstpreises. Im Herbst 2021 erschien sein viertes Buch „Schluss mit der Meinungsfreiheit!".

anderen gelten lässt und empfängt, zuhört, aufnimmt, nachfragt, anstatt sofort zu kategorisieren. Ich sitze häufig mit meinem Laptop abends draußen in Restaurants oder Kneipen und schreibe. Dabei komme ich mit Leuten ins Gespräch. Da sagt dann einer beispielsweise: „Bei mir in der Straße sind zwei Sorten von Türken, die netten Gemüse-Türken und die Assi-Türken. Die Letzteren sollte man rausschmeißen." Ich habe ihm erst einmal zugehört und versucht, ein Gespür für ihn zu bekommen. Das war kein AfD-Wähler, der war unverdächtig. Um ihn dann darauf hinzuweisen, dass das, was er sagt, hochproblematisch ist. Natürlich gibt es da auch Grenzen. Ich muss nicht mit einem Verschwörungsideologen reden, der mir sagt, dass es Corona nicht gibt und dass Bill Gates die Weltherrschaft will. Aber mit vielen anderen kann ich mich, ja muss ich mich auseinandersetzen, schon allein um dazuzulernen. Der Begriff der Auseinandersetzung meint ja auch, dass man sich auseinandersetzt, um sich danach selbst wieder anders zusammenzusetzen. Nichts anderes ist Dialektik: Ich höre das Andere, die Antithese, um nicht etwa zu meiner These zurückzukehren, sondern um zur nächsten, höheren Stufe zu gelangen.

Inwieweit kann Humor bei einer solchen Auseinandersetzung helfen?
Der Humor kann sehr helfen, weil man dadurch im besten Fall sich selbst erkennt und über sich selbst lachen kann. Das ist eine sehr gute, weil intime Form, ich muss ja niemandem zeigen, wenn ich mich erwischt fühle. Wenn eine Satire, in welcher Form auch immer, meine eigenen Abgründe aufzeigt, ist das eine sehr leichte und schöne Form, über mich nachzudenken, weil sie im besten Fall eben kein Überstülpen einer Meinung oder gar ein Besserwissen bedeutet. **X**

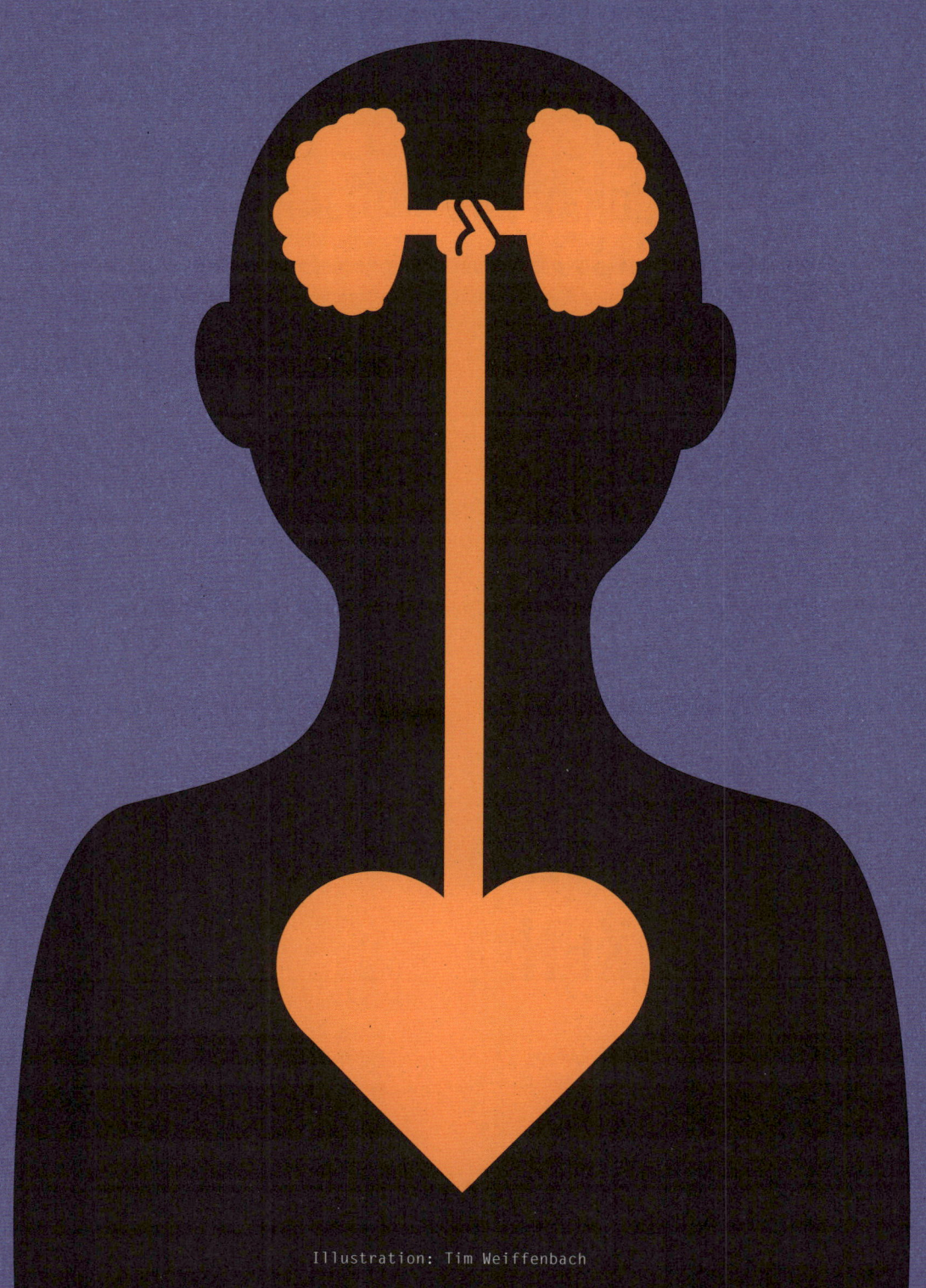

Illustration: Tim Weiffenbach

Düzen Tekkal

DEN HALTUNGS- MUSKEL TRAINIEREN

Im Jahr 2014 reiste ich in den Irak, um über den Völkermord an meiner Religionsgemeinschaft zu berichten. Warum ich gar nicht anders konnte – und wieso Haltung für mich wie ein Muskel ist.

Im August 2014 änderte sich mein Leben schlagartig. Im Nordirak war der sogenannte Islamische Staat in die Gebiete der Jesiden eingedrungen. Tausende Jungen und Männer wurden getötet, Mädchen und Frauen vergewaltigt und auf Sklavenmärkten verkauft. Hunderttausende waren auf der Flucht. In Deutschland sah man weg. Jesiden? Kaum jemand kannte diese ethnische und religiöse Minderheit und ihre besondere Geschichte. Doch bei mir in Köln lief das Telefon heiß. Denn ich bin Jesidin – und arbeitete als Fernsehjournalistin. „Düzen, hilf uns, berichte von dem Mord an unserem ▸▸

Volk!", hieß es. Ich packte meine Ausrüstung zusammen und flog mit meinem Vater in den Irak, wohlwissend, dass wir uns in Lebensgefahr begaben. Ich hatte keinerlei Erfahrung als Kriegsberichterstatterin und als waschechte Hannoveranerin auch wenig Kenntnisse über die Heimatregion meiner Eltern, in der nun Bomben detonierten. Aber ich musste gehen. Etwas in mir würde sterben, wenn ich dem Ruf nicht folgte.

So wurde ich im August 2014 Menschenrechtsaktivistin. Gehörte dazu Mut? Sicherlich. Eine klare Haltung? Auch. Wenngleich Haltung für mich erst einmal ein wertfreier Begriff ist. Auch Querdenker haben eine Haltung. Das Wort Tugend erscheint mir präziser. Ich orientiere mich dabei an Aristoteles, der Tugendhaftigkeit als eine Entscheidung zu ethisch gutem Handeln beschreibt. Die Fähigkeit dazu erwirbt man durch Einübung. So wie bei einem Muskel, der trainiert werden muss. Genau wie Muskeln in unserem Körper sind laut Aristoteles auch Tugenden in jedem von uns angelegt – stark werden sie aber erst durch eine fortwährende Beanspruchung. Wenn wir tugendhaftes Verhalten immer wieder einüben, handeln wir irgendwann ganz von allein danach – genau so, wie unsere Beine uns tragen, weil unsere Muskeln wissen, was sie zu tun haben. Als ich damals in den Irak flog, musste ich keine Sekunde darüber nachdenken, ob es eine gute Idee ist. Es musste getan werden.

Ich persönlich gehe immer dann ins Tugendtraining, wenn ich irgendwo Mangel wahrnehme. Dann spannt sich mein Haltungsmuskel an, ich mache mich – nicht nur im übertragenen Sinne – gerade. Körper und Geist füllen sich mit Energie, die den Willen, jetzt und hier Haltung zu zeigen, in Handlung umsetzt. Frust und Ärger über Ungerechtigkeiten und Missstände setzen eine großartige Veränderungskraft frei.

Sie kommt direkt aus dem Solarplexus und durchströmt den ganzen Körper. Sie sagt: „Steh auf! Handele! Halte nicht still!" Wenn du von etwas überzeugt bist, sind die Kraftreserven fast unendlich.

Ich habe diese Energie bereits in meinem Elternhaus erlebt. Mein Vater war ein einfacher Fliesenleger; seine Berufung aber war es, für die Menschenrechte zu kämpfen. Er half anderen Menschen, die wie er nach Deutschland geflohen waren, bei ihren Asylanträgen. Für meinen Vater war Kämpfen eine Lebensaufgabe. Er hatte als jesidischer Geflüchteter erfahren, was es bedeutet, seinen Platz in der Welt erobern zu müssen. Alleine hatte er sich auf den Weg nach Deutschland gemacht und später seine Frau und die beiden Kinder nachgeholt. Neun weitere Kinder kamen in Deutschland zur Welt. „Umsonst gibt es nichts. Du willst etwas? Dann tu etwas dafür!" Das waren Leitsätze, die unsere Eltern uns immer wieder eingeschärft haben. Anders als viele unserer Verwandten hatten wir die Chance, in einem Land aufzuwachsen, in dem uns als religiöse Minderheit keine Verfolgung oder Folter drohten. Was wir daraus machen würden, so die Botschaft, lag einzig und allein an uns.

Ich bin meinen Eltern dankbar dafür, nie in einer Opferexistenz erzogen worden zu sein. Identitätskategorien und -narrative sind Teil des Problems, nicht der Lösung. Und Opfer sind nicht zwangsläufig die besseren Menschen. Wenn wir in Deutschland über Identifikation und Teilhabe sprechen, landen wir leider schnell bei dem klassischen Dramadreieck von Opfer, Verfolger und Retter und den daraus resultierenden ermüdenden Verteilungskämpfen. Ich würde lieber die Frage nach dem verbindenden Element in den Mittelpunkt stellen, welches uns den Weg zu mehr Solidarität weist.

EINE LEITFRAGE HEISST: WAS VERÄNDERT MEIN TUN BEI ANDEREN?

Düzen Tekkal ist ein Multitalent: Autorin, Journalistin, Filmemacherin, Wissenschaftlerin und Sozialunternehmerin.

Und das sind unsere gemeinsamen Werte. Das ist das WIR.

Dieses Wir und diese Werte gilt es zu pflegen und zu verteidigen. Wir alle – Menschen mit Migrationsgeschichte ebenso wie autochthone Deutsche – sollten uns des Privilegs bewusst sein, in einem Land zu leben, in dem Meinungs-, Religions- und Pressefreiheit herrschen. In dem die Menschenwürde im Grundgesetz verankert ist und eine demokratische Grundordnung gilt. Um dieses Privileg dann im zweiten Schritt bewusst einzusetzen; um dort aufzustehen, wo diese Werte herausgefordert werden. Wo Jugendliche mit -ismen vergiftet, Frauen bedroht und verletzt werden, unsere Rechtsstaatlichkeit unterminiert wird. Letztlich war es genau dieses Privileg, an das meine Eltern appelliert haben und das ich genutzt habe, als ich in den Krieg zog.

Der Film, den ich damals gedreht habe, „Hawar – meine Reise in den Völkermord", gab dem Leid der Jesiden zum ersten Mal ein Gesicht. Er sensibilisierte die Öffentlichkeit für das Schicksal dieser jahrtausendealten Religionsgemeinschaft. Hilfsaktionen wurden gestartet, das Auswärtige Amt schaltete sich ein. Ich erlebte, wie ich durch mein Handeln wirksam werden konnte. Seitdem ist eine meiner Leitfragen bei allen Entscheidungen: „Was verändert mein Tun bei anderen?"

Darum geht es bei Haltung: zu entscheiden, was wir sind und was nicht. Zu definieren, was wir akzeptieren und was nicht. Und für Werte geradezustehen, die uns wichtig sind. Beständig, beharrlich und mit Nachdruck. Wenn ich diesen Muskel nicht trainiert hätte, wenn ich damals nicht in den Irak geflogen wäre, wäre ich heute ein anderer Mensch: ideell, persönlich und in meiner Wirkungskraft. Es war die beste Entscheidung meines Lebens. X

GESCHÄRFTER BLICK

Vier Menschen erzählen,
wie Herkunft die Haltung prägen kann.

AFRIDUN AMU
ist Afghanistans erster
Profisurfer. Vor seiner
Sportlerkarriere war er in
der Entwicklungszusam-
menarbeit tätig.

SHAKA!

Wenn du auf dem Surfbrett stehst, spielt es keine Rolle, wo du geboren bist oder wie du genannt wirst. Es spielt keine Rolle, welche Religionszugehörigkeit du hast oder welche Hautfarbe. Was zählt, ist, dass du eins wirst mit dem Wasser und dem Wind, mit den Gezeiten und den Strömungen. Dass du die Energie der Natur spürst und ihr mit jedem Molekül deines Körpers folgst. Wenn du auf dem Brett stehst, nimmst du das Leben in seiner Essenz wahr.

Fragt man Afridun Amu, wo seine Heimat ist, wird er antworten, dass er mit dem Begriff nicht viel anfangen kann. Dass „Heimat" etwas Abstraktes ist. Fragt man ihn, wo er sich zu Hause fühlt, wird er über die Natur sprechen, die keine Identifikation einfordert, sondern zu reiner Präsenz einlädt. Möchte man Afridun Amu beschreiben, kommt man dennoch nicht ganz um eine erste Benennung herum, auch wenn diese viel zu kurz greift: „Afri", wie ihn seine Freunde nennen, ist der erste Profisurfer Afghanistans. 2012 gründete er die „Wave Riders Association of Afghanistan". 2015 veranstaltete er in Portugal die ersten afghanischen Surfmeisterschaften. Er tritt bei internationalen Turnieren rund um die Welt für sein Geburtsland an. Mit jeder Welle, die er reitet, erzeugt er ein Bild von Afghanistan, das sich den gängigen Geschichten von Krieg und Unterdrückung widersetzt.

HEUTE IST DIES FREILICH schwerer als je zuvor. Die erneute Machtübernahme durch die Taliban im Sommer 2021 hat jede Leichtigkeit vorerst verdrängt. Für Afridun Amu wiederholt sich die Geschichte: Seine Eltern waren 1992 mit ihm und seiner Schwester geflohen, als die Mudschahed-din nach dem Sturz des Präsidenten Mohammed Nadschibullah die islamische Republik Afghanistan ausriefen. Wenig später kamen die Taliban zum ersten Mal an die Macht. Amus Mutter war Ärztin aus Überzeugung, der Vater aus Kabul geflohen wegen seiner politischen Haltung, die nach der Übernahme des Landes vermutlich ein Todesurteil gewesen wäre. „Die Haltung meiner Eltern weckte in mir damals den Wunsch, mich ebenfalls für Menschen einzusetzen."

DIE FAMILIE FAND EIN NEUES ZUHAUSE in Göttingen. „Meine Kindheit war geprägt von dem Gefühl des Andersseins", erzählt er, „auch wenn ich das damals noch nicht in Worte hätte fassen können." Amu wuchs auf zwischen der deutschen Welt draußen und der afghanischen Kultur im Elternhaus. Begeisterte sich in der Schule für Mathematik und die Metaphysik Kants und lernte von seinen Eltern, was Verantwortung konkret bedeuten kann. Zum Surfsport kam er als Teenager, im Urlaub an der französischen Atlantikküste.

SPÄTER STUDIERTE Amu Jura und Kulturwissenschaften und ging in die Entwicklungszusammenarbeit. Mit der Max-Planck-Stiftung für Internationalen Frieden und ▸▸

Rechtsstaatlichkeit kehrte er 2016 nach Afghanistan zurück, um die neue Regierung bei der Einsetzung eines Verfassungsgerichtes zu beraten. Ein kleinteiliges und langwieriges Unterfangen, bei dem sich das Gefühl, das Leben des Einzelnen dort positiv zu beeinflussen, nicht gänzlich einstellte. Bis er in Kabul Oliver Percovich kennenlernte, den Gründer von „Skateistan", einer Non-Profit-Organisation, die Kindern in Afghanistan, Kambodscha und Südafrika durch Skateboard-Stunden und Bildungsangebote zu neuen Perspektiven verhilft. Percovich brachte Amu auf eine Idee.

2018 BRACH ER MIT ZWEI FREUNDEN ZUM SURFEN

nach Afghanistan auf. Ein Vorhaben, das nicht nur wegen der angespannten politischen Lage im Land von vielen als spinnert abgetan wurde. Afghanistan? In dem zentralasiatischen Land gibt es doch nicht einmal ein Meer! Aber Flüsse gibt es. Und was im Eisbach von München fernab der Nordsee längst Kult ist, könnte auch im Norden Afghanistans, 2.000 Kilometer vom Indischen Ozean entfernt, funktionieren. Als die drei Surfer zum ersten Mal im Panjshir ihre Boards zu Wasser ließen, versammelte sich schnell eine staunende Menschenmenge. „Die hatten keine Ahnung, was wir da vorhaben, wir müssen in unseren Neoprenanzügen wie Außerirdische ausgesehen haben. Aber als sie sahen, wie wir auf den Wellen ritten, lachten und klatschten sie vor Vergnügen."

In dem Film „Unsurfed Afghanistan", der Amus Reise dokumentiert, sieht man afghanische Jungs mit abgespreiztem Daumen und kleinem Finger „Shaka!" formen – den hawaiianischen Surfergruß.

EIGENTLICH WOLLTE AMU SEIN PROJEKT DIESES JAHR VORANBRINGEN.

Gemeinsam mit dem National Olympic Comitee von Afghanistan sollten in Panjshir und Bamyan Wellenanlagen errichtet werden, in denen Jugendlichen das Schwimmen und Surfen beigebracht werden könnte. Kleine Glücksinseln, die das vergessene Gefühl zurückholen, wie leicht sich Leben anfühlen kann. Er wollte dem Land nach all dem Leid etwas Gutes tun. Nicht, weil er sich als Afghane versteht. Für Amu, der die doppelte Staatsbürgerschaft trägt, ist nationale Identität ein zu plumpes Konstrukt. Der überzeugte Veganer folgt damit vielmehr einem spirituellen Gebot: „Jeder Mensch trägt den Wunsch nach Bewältigung von Leid – dem eigenen und dem der anderen – in sich. Wir müssen nur ▸▸

verstehen, dass wir alle eins sind, dann leitet dieser Wunsch uns automatisch. Wer das erlebt, benötigt keine Philosophie oder Religion mehr", so Amu.

DIE POLITISCHE LAGE machte ihm bei seinen Plänen einen Strich durch die Rechnung. Nachdem im Sommer 2021 die internationalen Truppen abzogen und die Taliban das Land wieder einnahmen, war an Schwimmtraining vor Ort nicht mehr zu denken. „Wenn es ums blanke Überleben geht, ist für Sport kein Platz", stellt Amu nüchtern fest. Stattdessen engagierte er sich für die „Petition Luftbrücke für Afghanistan", versuchte Ortskräfte und ehemalige Kolleg:innen außer Landes zu fliegen. Zahlreiche Hilferufe ereilten ihn in den Tagen nach der Einnahme der Hauptstadt.

Ganz aus dem Blick geraten ist das Surfen in seinen Bestrebungen, Leid zu bewältigen, jedoch nicht. Gemeinsam mit der Organisation „Wir machen Welle" des Big-Wave-Surfers Sebastian Steudtner und der Berliner Hilfsorganisation „Yaar" plant Amu, eine Surftherapie für jugendliche afghanische Geflüchtete in Portugal anzubieten, unterstützt von Psycholog:innen, die auf posttraumatische Belastungsstörungen spezialisiert sind. Die Partner suchen gerade nach Möglichkeiten zur Finanzierung. „Surftherapie erzielt bei der Traumaarbeit hervorragende Ergebnisse", weiß Amu. Nicht nur, weil wissenschaftliche Studien dies nahelegen. Sondern weil Afri das Gefühl von Verbundenheit kennt, das sich im Tanz mit den Gezeiten einstellt – und ahnt, wie es Zerworfenheit heilen kann. **X**

Natalya Nepomnyashcha

×WIR MÜSSEN FRECHER, MUTIGER, FLEXIBLER SEIN ALS ANDERE.×

Ich war elf Jahre alt, als wir die Möglichkeit bekamen, von Kiew nach Deutschland auszuwandern. Meine Eltern waren schon in der Ukraine arm. Mein Vater verdiente sein Geld als Buchbinder, meine Mutter war Fabrikarbeiterin, beide verloren ihre Jobs Mitte der 1990er-Jahre. In Deutschland sollte sich das nicht ändern. Ich verbrachte meine Kindheit in einer Siedlung am Stadtrand von Augsburg, meine Eltern bekamen Hartz IV. Bis heute haben sie nur elementare Sprachkenntnisse des Deutschen.

»»

Mich steckte man in eine Übergangsklasse mit lauter anderen Kindern, die ebenfalls kein Deutsch sprachen. Nach eineinhalb Jahren wurde plötzlich ohne Vorankündigung ein Test gemacht und aufgrund dessen entschieden, wer auf welche Schulform kam. Ich erhielt eine Empfehlung für die Realschule, weil ich offenbar in Englisch und

Unternehmensberaterin
NATALYA NEPOMNYASHCHA
unterstützt soziale Aufsteiger:innen auf ihrem Weg. Die Erlebnisse aus ihrer eigenen Kindheit und Jugend sind ihr dabei eine ständige Motivation.

Mathe nicht den Anforderungen entsprach. Tatsächlich hatten wir den abgefragten Stoff gar nicht durchgenommen.

An der Realschule schrieb ich schnell gute Noten, dort lernte ich auch erst richtig Deutsch. Nach der neunten Klasse versuchte ich aufs Gymnasium zu wechseln. Das wurde mir verwehrt – trotz eines Notendurchschnitts von 1,3. Ein Vertreter der Schulleitung lehnte mich ab mit der Begründung, ich gehöre da einfach nicht hin, und ich solle in Ruhe meinen Realschulabschluss machen. Dem habe ich mich gebeugt und beendete die Schule nach der 10. Klasse – mit einem Schnitt von 1,0. Meinen Traum, zu studieren, gab ich trotzdem nicht auf.

Mit 17 zog ich nach München, um eine Ausbildung zur Fremdsprachenkorrespondentin zu machen. Sprachen interessierten mich, doch in Augsburg gab es nur private Institute, die meine Eltern sich nicht leisten konnten. Ich bekam nur 200 Euro Bafög, davon kann man

in München kaum leben. Irgendwie habe ich es trotzdem mehr schlecht als recht geschafft. Als ich 18 wurde, fing ich sofort an zu arbeiten – in einem Kino, für sieben Euro die Stunde. Heute wäre das illegal.

An einer Fachakademie machte ich dann eine weiterführende Ausbildung zur Übersetzerin und Dolmetscherin. Der Abschluss war zwar in Deutschland nicht als akademischer Abschluss anerkannt, jedoch in England – als ein Undergraduate Degree, vergleichbar mit einem Bachelor-Abschluss. Das gab mir die Möglichkeit, doch noch zu studieren. Ich wollte unbedingt einen Master in Internationalen Beziehungen, auch wenn das bedeutete, ins Ausland gehen zu müssen. Finanziell war das eine große Belastung. Auslands-Bafög erhielt ich nicht – der Antrag wurde abgelehnt mit der Begründung, dass sie mir ja schon die erste Ausbildung finanziert hätten. Im Ablehnungsbescheid stand sogar, dass ich mit dem Hochschulabschluss bessere Jobmöglichkeiten hätte, es aber trotzdem nicht

× NICHTS VERLÄUFT REIBUNGS-LOS, WIR MÜSSEN UMWEGE GEHEN, WO ES FÜR ANDERE GERADLINIG VERLÄUFT. ×

ginge. Und mir fehlte der Mut, mich um ein Stipendium zu bewerben. Also arbeitete ich täglich und sparte, wo ich konnte, um das Auslandsstudium zu finanzieren.

Als ich endlich den Master in der Tasche hatte, zog ich nach Berlin. Ich hoffte, dass es nun leichter würde und ich mit meiner Qualifikation schnell einen Job im politischen Berlin bekommen könnte, aber auch das hat Ewigkeiten gebraucht. Ich hatte kein Netzwerk und nie gelernt, mich gut zu präsentieren. Als ich verstanden hatte, was es an Soft Skills braucht, bin ich in alle möglichen Vereine eingetreten und habe mein Netzwerk sukzessive aufgebaut. Und dann endlich den Berufseinstieg geschafft.

In dieser Zeit habe ich gemerkt, welch wichtige Rolle meine soziale Herkunft spielt. Ich habe auf meinem Ausbildungsweg völlig andere Erfahrungen gemacht als Kinder aus bürgerlichen Schichten. Meine Eltern konnten mir nicht helfen. Sie hatten kein Geld, keine Kontakte, sie sprachen nicht einmal richtig Deutsch. Ich musste mir alles selbst erarbeiten.

Dieser ständige Kampf ums Weiterkommen ist typisch für soziale Aufsteiger:innen. Nichts verläuft reibungslos, wir müssen Umwege gehen, wo es für andere geradlinig verläuft, und uns unseren Weg regelrecht erobern. Wir müssen die Zähne zusammenbeißen und nicht auf die Botschaften hören, die uns vermittelt werden. Unsere Lehrer:innen reden uns oft ein, dass wir es nicht schaffen. Unabhängig von unseren Fähigkeiten empfehlen sie uns häufig für Haupt- und Realschulen und glauben nicht an uns. Um das zu überwinden, müssen wir in unseren Köpfen deren Autorität hinterfragen und uns selbst um unsere Zukunft kümmern. Wir müssen frecher sein, mutiger, flexibler. Und wir müssen viel Durchhaltevermögen an den Tag legen.

Dieses unbedingte Wollen, das mich dahin gebracht hat, wo ich heute bin, zeichnet viele Aufsteiger:innen aus. Aber das allein reicht leider trotzdem nicht immer. Deshalb habe ich Netzwerk Chancen (siehe Beitrag auf S. 156) gegründet, um andere auf diesem Weg zu unterstützen. Ich hätte ein solches Angebot damals selbst gut gebrauchen können. **X**

Martin Speer

×NUR GEMEINSAM KOMMEN WIR VORAN×

Was ich nach der Flucht über die Prager Botschaft über die Freiheit, unser Land und Europa lernte.

Es war unweit von Leipzig im Herbst 1989, als meine Eltern einen Plan fassten, der das Leben unserer Familie tiefgreifend verändern sollte. Mit den Bildern der ersten DDR-Flüchtlinge im Kopf, die es über Zäune und Mauern auf das Gelände der Botschaft der Bundesrepublik in Prag schafften, wuchs auch in ihnen der Mut, die Flucht zu wagen. Schon länger waren ihnen die Zustände in der ehemaligen DDR – der Freiheitsentzug, die Enge, die Uniformität – ein Dorn im Auge. „Ich wollte nicht, dass du in Unfreiheit aufwächst", sagte mir meine Mutter später einmal. Ein Satz, der mich bis heute bewegt und begleitet.

Innerhalb weniger Tage packten meine Eltern die nötigsten Dinge und fuhren Richtung tschechoslowakische Grenze. Mit viel Glück und dank einer tschechischen Tante, die den Grenzbeamten instinktiv das Richtige sagte, erreichten sie Prag. Mittlerweile waren Tausende Menschen bei herbstlichem Matschwetter am Botschaftsgelände. Die Ungewissheit, ob es mit der Ausreise klappen würde, lag in der Luft. Doch das Verhandlungsgeschick des ehemaligen westdeutschen Außenministers Hans-Dietrich Genscher und die Hartnäckigkeit der „Prager Botschaftsflüchtlinge" zeigte Wirkung. Auch die zweite Welle, zu der wir gehörten, konnte ausreisen. So fand meine Familie 1989 den Weg in den Westen. Auch wenn ich selbst nur bruchstückhafte Erinnerungen an diese Zeit habe, so hat sie mich doch geprägt. Sie nahm einen Einfluss darauf, welches Bild von Zusammenhalt, Heimat und gemeinsamer deutscher und europäischer Zukunft ich heute habe.

Ich will zwei Betrachtungen anstellen, um mich diesen zu nähern. Zum einen war die Erfahrung unserer Familie eine typische: Fast 1,4 Millionen Ostdeutsche suchten in den ersten vier Jahren nach dem Mauerfall ihr Glück in den westdeutschen Bundesländern.[1] Bei aller Freude über die neu gewonnene Freiheit war der Weg in die neue Heimat für viele nicht immer einfach, auch für unsere Familie nicht.

EIN LAND, ZWEI ERFAHRUNGSWELTEN
Nach der Flucht fanden wir im mittelfränkischen Heroldsberg unser neues Zuhause. Eine idyllische Gemeinde, umgeben von dichten Wäldern und bewohnt von vielen Familien mit Kindern. Mir wurde schnell klar, dass in meiner Familie einiges anders läuft als bei den Nachbarn.

Quelle:

01 Bernd Martens, **DER ZUG NACH WESTEN**, Bundeszentrale für politische Bildung, 7.5.2020, https://www.bpb.de/geschichte/deutsche-einheit/lange-wege-der-deutschen-einheit/47253/zug-nach-westen

MARTIN SPEER,

geboren 1986 in Leipzig, ist Autor, Keynote Speaker und politischer Berater. Als Teil des Autorenteams HERR & SPEER setzt er sich für die europäische Idee und eine geschlechtergerechtere Gesellschaft ein. Für sein Engagement erhielt er u. a. den Jean-Monnet-Preis für Europäische Integration. Im August 2021 erschien sein neues Buch „Europe For Future" bei Droemer.

Während wir uns eine Existenz aus dem Nichts aufbauen mussten, lebten andere mit und aus der Sicherheit von langjährig erwirtschaftetem Wohlstand. Während wir viele Gegenstände reparierten oder weiternutzten, wurde in meiner Umgebung vieles neu gekauft. Während mir beigebracht wurde, mich zurückhaltend zu verhalten und kritisch aus der Distanz zu beobachten, wurden meine westdeutschen Altersgenoss:innen tendenziell bestärkt, selbstbewusst ihren Standpunkt zu vertreten. Während meine Eltern mir vermittelten, dass politische und ökonomische Systeme fragiler sind, als sie scheinen, kam vielen meiner westdeutschen Freund:innen diese Vorstellung gar nicht in den Sinn.

Aus mir und anderen, die mit ostdeutschen Eltern im Westen aufwuchsen, sind so deutschdeutsche Mischwesen entstanden. **Wir sind nicht allein Ossis und nicht allein Wessis, wir sind die ersten Bundesdeutschen.** In dieser Erfahrung liegt ein Wert. Mit Blick auf die großen Herausforderungen unserer Zeit,

vom klimagerechten Umbau unserer Wirtschaft über die digitale Revolution bis hin zu Sicherung von Frieden und Zusammenhalt in Europa, brauchen wir genau diesen Qualitäts- und Erfahrungsmix. Erst beide Perspektiven bauen die Brücken, über die wir gemeinsam gehen können: die kritisch-zurückhaltend-fragende Herangehensweise, die viele mit ostdeutscher Prägung in sich tragen, und die selbstbewusste, durchsetzungsstarke Art, die viele Westdeutsche auszeichnet. Ein geeintes Land zu sein und danach zu handeln, ist für mich vom Verständnis getragen, dass wir beide Herangehensweisen als **gleichwertig und gleichberechtigt** begreifen und nur im Zusammenspiel die besten Ideen und Konzepte entstehen können. Hier wünsche ich mir auf beiden Seiten noch mehr Zugänglichkeit, Nachsicht und zugleich Ambition. Und ich wünsche mir, dass sich mehr Menschen mit ostdeutschen Wurzeln trauen, eine breite Öffentlichkeit an ihrem Denken und ihren Geschichten teilhaben zu lassen. ▶▶

EUROPA IST DAS DACH, UNTER DEM WIR ALLE PLATZ HABEN

Auch mit Blick auf Europa ist Zusammenhalt aus meinem Verständnis nur gemeinsam möglich. Das zeigt sich schon an der Geschichte der Wiedervereinigung. Sie wäre ohne die Zustimmung der deutschen und europäischen Nachbarn so nicht eingetreten. Und ob der Mauerfall am 9. November 1989 ohne die vorher aufgerissenen Löcher im Eisernen Vorhang und ohne die Freiheitsbewegung in Polen in diesem Tempo und dieser Konsequenz möglich gewesen wäre, steht infrage. Das macht die deutsche auch zu einer europäischen Erfahrung und unterstreicht, wie eng die Schicksale auf unserem Kontinent verbunden sind.

Für mich, der das Gefühl hat, zwei Identitäten in sich zu haben, ist Europäer zu sein die Klammer, die alles zusammenhält. Es bedeutet für mich, an einem Ort zu sein, der mich so nimmt und respektiert, wie ich bin – mit allen Schattierungen und Widersprüchen, aber auch allen Schätzen. **Europa ist für mich das Dach, unter dem wir alle in unserer Vielfalt Platz haben.** Doch so einfach, wie es klingen mag, ist es nicht. Wir sehen, wie sehr das Fundament des Hauses Europa Brüche bekommt oder auch schon immer hatte. Ost und West gibt es heute noch in der EU, genauso wie Süd und Nord. Mit dem Austritt Großbritanniens verließ ein wichtiger Staat die Gemeinschaft, Angriffe auf Rechtsstaatlichkeit und Pressefreiheit nehmen zu und die Ressentiments und Vorurteile, die wir von- und übereinander haben, sind immer noch sehr präsent.

ZUSAMMENHALT ERWÄCHST AUS BEGEGNUNG

Wie können wir diese Brüche und Gräben schrittweise schließen? Blicke ich auf die Erfahrungen meiner Familie und meine Forschungsreisen durch 28 europäische Länder, dann lautet die Antwort: durch Begegnung!

Nur wenn wir persönlich in Kontakt treten, ohne medialen Filter oder politisches Framing, kann die Grundlage für ein gemeinsames Europagefühl entstehen. Wir werden entdecken, dass eine polnische Rentnerin ähnliche Sehnsüchte nach Gemeinschaft und Fürsorge hat wie eine französische. Wir werden beobachten, dass wir vereint sind in unseren elementaren Zukunftssorgen und Hoffnungen. Wir haben viel mehr Gemeinsamkeiten, als wir glauben. Doch wir wissen leider oft zu wenig voneinander, um das zu erkennen und dann auch wertzuschätzen.

Wenn persönliche Begegnungen die Voraussetzung für Zusammenhalt sind, dann brauchen wir möglichst viele Gelegenheiten dafür. Genau deshalb engagiere ich mich heute für das vereinte Europa. Und genau deshalb habe ich im Jahr 2014 mit meinem Mitstreiter Vincent-Immanuel Herr die FreeInterrail-Kampagne auf den Weg gebracht, die allen jungen Menschen in der EU ein kostenfreies Interrail-Ticket zum 18. Geburtstag zur Verfügung stellen will. Nach viel Unterstützung aus Parlament und EU-Kommission ist die Idee als DiscoverEU-Programm Teil der Erasmus+ Familie geworden. Rund 100.000 jungen Menschen wird damit jährlich die Chance gegeben, Europa und einander kennenzulernen. Es ist ein weiterer Schritt hin zu einem Kontinent, der zusammenwächst.

Ich weiß nicht, ob ich ohne die Flucht- und Freiheitserfahrung meiner Eltern und ohne das Aufwachsen zwischen den Welten die Kraft und Ausdauer für mein politisches und gesellschaftliches Engagement gefunden hätte. Was ich aber weiß: Dieser Weg der Verständigung lohnt sich! Und zwar für alle. Denn Deutsche:r und Europäer:in sein, das kann man nicht allein. Es geht nur gemeinsam voran. **X**

BÜCHER ALS WERKZEUGKISTEN

Die erste Berührung mit Literatur war für die Tochter türkischer Einwanderer ein prägendes Erlebnis.

HATICE AKYÜN

ist Journalistin und Bestsellerautorin („Einmal Hans mit scharfer Soße"). In ihren Texten thematisiert sie die Themen Zuwanderung und Integration. 2021 bekam sie dafür den Theodor-Wolff-Preis verliehen.

Was bedeutet es für dich, Haltung zu haben? Haltung ist bewusstseinsbildend. Sie fordert und fördert, sich zu positionieren, Emotionen in Worte zu fassen und unserem Verstand ein Gefühl zu geben.

Erinnerst du dich an einen Moment oder Momente in deiner Biografie, in denen diese Haltung sich erstmals manifestierte? Ja, sehr genau sogar. Das war in dem Duisburger Bücherbus, den ich mit zehn Jahren zum ersten Mal betreten habe. Vorher kannte ich nur Schulbücher. Meine Eltern sind Analphabeten und deshalb gab es bei uns zu Hause keine Bücher. Als ich diesen Bücherbus entdeckte, jede Woche Dutzende Bücher mit nach Hause nahm und las, merkte ich schon nach kurzer Zeit, wie vielfältig Menschen sein können. Mit jedem neuen Buch, mit jeder neuen Geschichte entwickelte sich Lesen für mich zum Werkzeug – um zu erfahren, aufzunehmen, eine Vorstellung zu entwickeln, Neugierde zu wecken, eine Haltung einzunehmen und sie über Sprache auszudrücken.

Wie würdest du deine Haltung beschreiben? Ich akzeptiere die Dinge, auch wenn es manchmal schmerzhaft ist. Ich mag das Wort Toleranz nicht, das oft in Zusammenhang mit Haltung verwendet wird. Toleranz heißt für mich: „Ich dulde dich." Deshalb spreche ich lieber von Akzeptanz, was viel weitreichender ist: „Ich bin nicht deiner Meinung, aber ich akzeptiere und respektiere sie." Oder wie es der Philosoph Jean-Jacques Rousseau sagte: „Wie angenehm ließe es sich unter uns leben, wenn die äußere Haltung immer die Beschaffenheit des Herzens widerspiegeln würde."

Wofür ist Haltung hilfreich? Manchmal habe ich den Eindruck, ich lebe in einer verkehrten Welt. Wenn ich abends müde durch die Fernsehkanäle zappe, stolpere ich von einer Castingshow in die nächste. Ob Supermodel oder Superstar – was für ein Bild wird unseren Kindern in diesen immergleichen Sendungen vermittelt? Austauschbare Schablonen werden den Jugendlichen als Erfolgsmodell verkauft. Ist das nun das Leitbild, das den Anforderungen der Zukunft gerecht wird? Wo sind die Shows „Grips ist geil" oder „Persönlichkeiten braucht das Land"? Haltung ist wichtig, damit sich unsere Kinder daran orientieren und sie auf dem Weg ins Erwachsenenleben verinnerlichen.

Wie drückst du Haltung aus?
Ich lebe meine Haltung. Jeden Tag, jede Minute, jede Sekunde. Ohne Ausnahme. **X**

„Man weiß ja gar nicht mehr, was man noch glauben soll. Oder wem." Oft sind es nur wenige Sätze. Oder auch nur einzelne Begriffe. Wir hören sie und spüren eine Haltung beim Gegenüber. Es ist wahrscheinlich, dass wir im Verlauf des Gespräches dann nach weiteren Zeichen für diesen Eindruck suchen. Wir wollen unsere Ahnung bestätigen. Spannend wird es, wenn dieser Eindruck zum Gegenstand des Gesprächs wird: „Ich möchte mit dir über deine Haltung sprechen" ist nämlich ein Satz, der auf seltsame Weise übergriffig wirkt. Er wird meist als Vorwurf verstanden, impliziert er doch eine gewisse Reparaturbedürftigkeit des Gegenübers. Die Reaktion darauf ist deshalb oft auch eine ebenso ausführliche wie müßige Rechtfertigung. Doch warum ist es so schwer, über Haltungen ins Gespräch zu kommen? **Letztlich ist die Haltung** eines Menschen eine ausgesprochen persönliche Angelegenheit. Sie ist im Laufe der Biografie entstanden. Als Grundlage unseres Verhaltens und unserer Entscheidungen spiegelt sie sowohl unsere schönen als auch unsere bitteren Erfahrungen wider. Haltungen fassen all das in einem stimmigen Bild zusammen, was uns an Unverbundenem im Leben widerfährt. Es sind höchst private Geschichten, mit denen wir die Widersprüchlichkeit der Welt für uns selbst, ganz privat erträglich machen. Haltungen sind die Narrative der Seele. **Wie privat Haltung ist**, spürt man besonders, wenn Menschen sich verändern. Lernprozesse, Erfahrungen und Einsichten, aber auch persönliche Krisen verändern Menschen im Laufe ihres Lebens. Sie begegnen der Welt dann mit anderen Einstellungen, veränderten Haltungen. Eine solche, tiefgreifende Veränderung ist allerdings nicht unbedingt etwas, über das man gern spricht. Im Gegenteil: Diese Entwicklungen vollziehen sich oft ganz still als inneres Wachstum, persönliche Reifung oder auch als Bewältigungsprozess äußerer Herausforderungen. Wenn überhaupt, dann teilt man derlei Erfahrungen im vertrauten Zwiegespräch.

So ist auch die sprichwörtliche Wandlung vom Saulus zum Paulus immer als äußere Zuschreibung an eine Person zu verstehen, nicht als Selbstbeschreibung. Dass viele Menschen in ihrer Jugend andere Haltungen vertreten als im höheren Erwachsenenalter ist eine Binsenweisheit. Trotzdem vermeiden wir das Gespräch darüber. Niemand wird gern darauf hingewiesen, dass er einmal jemand anders war.

Narrativ der Seele

Warum Haltung eine ziemlich persönliche Angelegenheit ist.

Prof. Dr. Heiko Roehl

× WOVON MAN NICHT REDEN KANN, ...

Haltung zeigt sich im Verhalten. Unser Handeln sagt viel darüber aus, mit welcher Haltung wir der Welt begegnen. Das bedeutet nicht, dass uns selbst immer die Beweggründe unseres Handelns bewusst sind. Ganz im Gegenteil. Oft wissen wir nicht genau, warum wir die Dinge tun, die wir tun. Wir machen es einfach. So bleibt uns auch unsere eigene Haltung, die hinter einem bestimmten Verhalten steht, verborgen. Auch die Frage, warum wir zu einem bestimmten Thema eine bestimmte Haltung haben, ist nicht einfach zu beantworten. Wir ahnen, woher wir unsere Haltung haben, wissen es aber nicht genau. Meist merken wir erst, dass wir eine bestimmte Haltung zu einem Thema einnehmen, wenn wir eine Erfahrung machen, die von unserem eigenen Weltbild abweicht. Auf der Suche nach den inneren Beweggründen für unser Verhalten landen wir dann bei unserer eigenen Geschichte. So plausibilisieren wir uns und werden von anderen plausibilisiert. **Haltungen bleiben meist so lange verborgen**, wie sie nicht in sozialen Dialogen bewusst gemacht werden. Sie sind wie die Begleitmusik des Lebens, die einem so vertraut ist, dass man sie schon nicht mehr bewusst wahrnimmt. Die erst dann für uns selbst wieder hörbar wird, wenn andere auf sie hinweisen. Das kann ein positives, erhellendes, auch ein düsteres, schmerzhaftes Erlebnis sein, das uns auf unsere Geschichte und unser Werden zurückwirft. Solche Erfahrungen sind oft der Ausgangspunkt für tiefgreifende Selbsterkenntnis. **Arbeit an der eigenen Haltung** ist seelische Schwerstarbeit. Wir bringen uns in Kontakt mit der Welt und stellen im Rückblick fest, wie begrenzt unser Horizont doch immer wieder erscheint. Es kostet Kraft und Mut, die eigene Haltung ständig bewusst zu reflektieren, eben weil sie so untrennbar mit dem verbunden ist, was uns unverwechselbar im Innersten ausmacht – unserer Identität. Deshalb müssen wir Haltungen ins Gespräch bringen, wo es geht, und gleichzeitig respektieren, wenn das manchmal eben nicht geschehen kann. **Dann gilt das Diktum Wittgensteins**, dass es manchmal eben besser ist, das Unaussprechliche zu beschweigen, bis es möglich wird, darüber zu sprechen.   X

... DARÜBER MUSS MAN SCHWEIGEN. ×

Ludwig Wittgenstein

PROF. DR. HEIKO ROEHL
ist Psychologe und Soziologe. Er begleitet Unternehmen bei tiefgreifenden Veränderungsprozessen. Fast zwei Jahrzehnte war er selbst in unterschiedlichen Führungsfunktionen für größere Change-Programme verantwortlich.

×JETZT IST DIE ZEIT, WIEDER POLITISCH AKTIV ZU SEIN! ×

DIE OMAS GEGEN RECHTS

engagieren sich gegen Rassismus, Frauenfeindlichkeit und Antisemitismus. Sie sind alt – aber kein bisschen leise.

WIDERSETZEN
sich dem Bild der strickenden Oma:
Bina Wallmann (l.) und Helene Gardemann
demonstrieren vor dem Denkmal für die
ermordeten Juden Europas

Vor dem Mahnmal der ermordeten Juden Europas in Berlin hat sich an einem Sonntag im August 2021 eine kunterbunte Truppe älterer Frauen versammelt. Einige von ihnen zieren farbenfrohe Strickmützen, viele tragen Protestplakate, und alle den schwarz-weißen „OMAS GEGEN RECHTS"-Button, das Erkennungszeichen der Gruppe.

Die „OMAS", wie sie sich selbst abkürzen, sind hier, um das Mahnmal gegen erneute anti-semitische Übergriffe durch Querdenker:innen und Rechtsextreme zu verteidigen, die heute trotz Demonstrationsverbotes durch Berlin marschieren wollen. Unterstützt werden die Berliner-innen von Mitstreiterinnen aus Kiel, Hamburg, Halle, Köln. Obwohl die OMAS dezentral organisiert sind, ist frau zur Stelle, wenn Hilfe benötigt wird – die einzelnen Orts- und Landesgruppen sind bestens vernetzt.

Die Stimmung in der Stadt ist angespannt, über der Sieges-säule kreist ein Polizeihub-schrauber, immer wieder stellen sich Pöbler vor die Gruppe und suchen Streit. Die OMAS bleiben cool. Viele von ihnen haben schon zu Zeiten demonstriert, als die heutigen Krakee-ler noch im Kindergartenalter waren. So wie Helene Gardemann, die in den 1970ern im Hüttendorf gegen die Frankfurter „Startbahn West" Widerstand leistete, und Bina Wallmann, die lange vor dem Mauerfall für die Hausbe-setzerszene Berlins aktiv war. OMAS – das sind heute keine freundlich strickenden Märchenerzählerinnen mehr. Die Generation der Frauen, die jetzt im Rentenalter sind, war zum Teil ihr ganzes Leben politisch aktiv, zum Beispiel als 68erinnen, bei der Anti-AKW-, der Umwelt- oder der Frauenbewegung. Sie waren jung, als die Republik es auch war, und sie wissen, was auf dem Spiel steht.

Eigentlich, sagt Bina Wallmann, hatte sie sich nach den vielen Jahren aktiven Widerstands schon auf das „politische Altenteil" zurückge-zogen. Wollte die nächsten Generationen mal machen lassen. Doch dann habe sie von den OMAS gehört und realisiert, „dass jetzt die Zeit ist, wieder aktiv zu werden". Denn das Alter der Frauen ist ihr Kapital: Die Kinder sind (falls welche da waren) aus dem Haus, der Job bestimmt nicht mehr das Leben. Sie verfügen über die Zeit und die Erfahrung, sich konkret zu engagieren. Oder, wie es Helene Gardemann aus-drückt: „Mein politisches Bewusstsein hat sich über die Jahre hinweg von einer eher abstrakten linken Einstellung in der Jugend hin zu einer mit Lebenserfahrung gefüllten authentischen linken Haltung entwickelt." Gardemann setzt sich für das bedingungslose Grundeinkommen und faire Care-Arbeit ein. „Eine übergeordnete Haltung ist wichtig, aber alltägliche politische Arbeit muss konkrete Zielsetzungen haben", betont sie. Gleichzeitig, ergänzt Wallmann, helfe das Alter, die eigenen Widersprüchlichkeiten zu reflektieren und freundlich zu betrachten: „Nur so wird politische Haltung menschlich und dadurch umso glaubwürdiger."

Gardemann und Wallmann gehören dem linken Spektrum der OMAS an. Aufgrund ihrer persön-lichen Geschichte verstehen sie sich selbst als Antifaschistinnen. Die Vielfalt an politischen Ansichten innerhalb des Bündnisses ▸▸

> × DAS ALTER HILFT, EIGENE WIDERSPRÜCHE ZU REFLEK-TIEREN UND FREUNDLICH ZU BETRACHTEN. ×

sowie seine basisdemokratische Ausrichtung führe schon mal zu längeren Diskussionen im Plenum, räumt Wallmann ein. Die Heterogenität der Bewegung ist ausdrücklich gewünscht. „Jedes Mitglied tut das, was es kräftemäßig und von der Überzeugung her politisch leisten kann", so Gardemann. „Alles hat Raum nebeneinander" – wie zum Beispiel Mahnwachen, das Putzen von Stolpersteinen, aber auch die Unterstützung von Sitzblockaden gegen rechtsextreme Aufmärsche und das Sammeln von Spendengeldern für die Seenotrettung von Geflüchteten durch MISSION LIFELINE.

Auch die Frage, ob Opas bei den OMAS mitmachen dürfen, ist von Gruppe zu Gruppe unterschiedlich geregelt. „Bei uns OMAS GEGEN RECHTS Berlin/Bündnis Deutschland gilt: Als Unterstützung bei Aktionen immer gerne, aber nicht in den Plenen", so Wallmann. „Ältere Frauen sind im öffentlichen Leben, in Politik und Gesellschaft deutlich unterrepräsentiert – dieses Vakuum beanspruchen wir."

Sichtbar sind die OMAS, dafür sorgen sie schon – und hörbar, wenn es sein muss:

KLARE BOTSCHAFTEN Die OMAS stehen für ihre Werte ein – hier bei einer Aktion gegen Antisemitismus in Berlin. In ganz Deutschland gibt es weitere regionale Gruppen.

Bei einer Aktion an der Berliner Gedächtniskirche übertönten sie drei Stunden lang mit Trillerpfeifen und Topfdeckelgeklapper die antisemitischen Hetztiraden des „Volkslehrers" Nikolai Nerling. Die Gedächtniskirche unterstützte mit Glockengeläut. Mit Aktionen wie dieser haben sich die OMAS bundesweit einen Namen als Verteidigerinnen der Demokratie gemacht.

Das löst bei Verfassungsfeinden immer häufiger Abwehr aus – bis hin zu offenen und brutalen Drohungen. „Die Idee, dass jeder eine Oma hat und deshalb keine ältere Frau angreifen wird, hat sich so leider nicht bestätigt", räumt Wallmann ein. Wie ihre Kollegin Gardemann nennt sie ihren richtigen Namen nicht, um sich vor Übergriffen zu schützen. Weiter machen die OMAS trotzdem. Und sie bekommen Rückendeckung von der jungen Generation. „Es macht Hoffnung, dass wir generationsübergreifend für gemeinsame, demokratische Ziele solidarisch zusammenstehen, zum Beispiel mit Fridays for Future." Wo auch immer unsere Demokratie verteidigt werden muss – die OMAS sind dabei und gelten vielen jungen Aktivist:innen als Vorbild. **X**

DIE INITIATIVE OMAS GEGEN RECHTS

wurde 2017 in Österreich gegründet und fand schnell Anhängerinnen in Deutschland. Laut der „Berliner Zeitung" gibt es hierzulande mehr als 100 Ortsgruppen (Stand 2020). Die Aktivistinnen, in der Regel Frauen zwischen Mitte 50 und Mitte 90, setzen sich gegen Faschismus, Antisemitismus, Rassismus und Frauenfeindlichkeit ein. Ihr Erkennungszeichen sind bunte Strickmützen und weiße Regenschirme mit dem „OMAS GEGEN RECHTS"-Logo.

2

FAZIT

ENGAGEMENT Wenn wir uns für andere einsetzen, haben wir auch die Chance, uns selbst weiterzuentwickeln. Es ist ein Beitrag zu unserem eigenen Glück.

Haltungen sind Narrative der Seele. Haltung, das haben wir in Part 2 gesehen, kann man an verschiedenen Orten zeigen. So ist es möglich, Narrativen neue, überraschende Facetten hinzuzufügen und unser Denken beweglich zu halten.

Beeindruckt hat mich in diesen Beiträgen das Offenlegen der eigenen Erfahrungen, die mit der Herkunft zusammenhängen, bis hin zu Gewalterfahrungen oder einer Kindheit, die geprägt war vom Anderssein. Engagement, das sehen wir in diesem Part, kann Ausdruck von Haltung sein. Haltung in Form von Solidarität kann auch zu mehr Teilhabe führen, durch das Schaffen von Netzwerken, durch Ehrenämter oder den Einsatz für Menschenrechte. In vielen der Engagements spiegelt sich zudem eigene Erfüllung wider, etwa in neuem Mut, den man für sich selbst findet. Die unterschiedlichen Geschichten zeigen, wie man Grenzen auslotet und Diskussionen aushält, sie fördern also das eigene Wachstum. So trägt Engagement dazu bei, unsere eigene Haltung zu definieren.

Helfen macht glücklich – zu diesem Schluss kommen auch die Grant- und die Glueck-Studie der Harvard University, Langzeitbetrachtungen der Faktoren eines als glücklich empfundenen Lebens. Darin haben fast alle Teilnehmenden den zwischenmenschlichen Beziehungen den größten Beitrag zu einem glücklichen Leben zugeschrieben. Wenn wir uns engagieren, haben wir also die Chance, zu wachsen und uns weiterzuentwickeln. Es ist ein Beitrag zu unserem eigenen Glück.

Glück oder eher Gänsehaut habe auch ich wiederholt empfunden beim Lesen. Viele beeindruckende Sätze werden mir im Gedächtnis bleiben, unter anderem der einer Mutter an ihren Sohn, unseren Autor Martin Speer, nach der Flucht der Familie aus der DDR: „Ich wollte nicht, dass du in Unfreiheit aufwächst." Inspirierend fand ich auch das Bündnis, in dem sich die OMAS GEGEN RECHTS mit der Gedächtniskirche zusammenfanden und gemeinsam gegen Hassreden angingen.

MARTIN SEILER
Herausgeber

Wir Menschen sind soziale Wesen, unser Engagement hat die Kraft, andere und uns selbst glücklich zu machen. Haltung, verbunden mit Engagement, ist eine Begleitmusik unseres Lebens. Nutzen wir sie, kann es uns gelingen, wie die Menschen aus dem Tanz-Inklusionsprojekt zu sein: Happy People. **X**

HALT

BRAUCHT

UNG

VERANTWORTUNG

DR. RICHARD LUTZ

HALTUNG
UND
VERANTWORTUNG

bei der Deutschen Bahn im Kontext
unserer Unternehmensgeschichte

Die Geschichte der Deutschen Bahn lehrt uns: Verantwortliches unternehmerisches Handeln bedeutet, menschenverachtenden Ideologien laut zu widersprechen. Ein Beitrag von Dr. Richard Lutz, Vorstandsvorsitzender der DB AG

Haltung ist immer ein Resultat. Das Resultat aus zum Teil schmerzhaften Erfahrungen, Erkenntnissen, oft auch Irrwegen oder Einstellungen, die sich im Laufe der Zeit entweder gefestigt oder auch als falsch erwiesen haben. Haltung entsteht durch die Auseinandersetzung mit der eigenen Geschichte. Unser Kompass ist die Achtung und der Schutz der Menschenwürde. Aus diesem universellen Wert leitet sich unsere Haltung ab.

Es gibt wohl kaum ein anderes Unternehmen, das so eng mit der deutschen Geschichte verbunden ist wie die Deutsche Bahn. Es mag verwundern, aber das heutige Eisenbahnnetz wurde im Wesentlichen im 19. Jahrhundert angelegt. Im wörtlichen wie im übertragenen Sinne ist es unser Fundament. Unsere Geschichte zu kennen, ist Teil unserer Unternehmenskultur. Eine Geschichte mit vielen guten, aber auch bedrückenden Seiten.

Wer sich mit der deutschen Geschichte und auch mit der der Eisenbahn in Deutschland beschäftigt hat, weiß, wohin Antisemitismus, Rassismus und eine zutiefst antidemokratische Politik führen. Die Deutsche Reichsbahn, eine der Vorläuferorganisationen der heutigen Deutschen Bahn, hatte sich mit den politischen Zielen der nationalsozialistischen Politik gemein gemacht. Sie stellte die Züge, die jüdische Frauen, Männer und Kinder, Sinti und Roma aus Deutschland und dem besetzten Europa unter unsäglichen Bedingungen zu den Vernichtungsstätten im Osten brachten. Vor diesem historischen Hintergrund setzt sich die Deutsche Bahn intensiv für eine kritische und verantwortungsvolle Auseinandersetzung mit der Geschichte ein.

▸▸

ir können aus der Vergangenheit viel lernen. Auch, dass verantwortliches unternehmerisches Handeln bedeutet, menschenverachtenden Ideologien laut zu widersprechen. Der erschreckende Anstieg von antisemitischen und rassistischen Übergriffen war für die Deutsche Bahn und ihren Konzernbetriebsrat der Anlass, die für sie so fundamentalen Werte 2019 in ihrer „Konzernbetriebsvereinbarung für Gleichbehandlung und zum Schutz vor Diskriminierung" festzuhalten. Alle Mitarbeitenden können sich darauf berufen, sollten sie in irgendeiner Weise diskriminierendem Verhalten ausgesetzt sein. Antisemitismus, Rassismus und jede andere Form von Erniedrigung haben bei der Deutschen Bahn keinen Platz. Für ein Unternehmen, dessen Kund:innen aus aller Welt kommen, das grenzüberschreitende Mobilität garantiert und dessen Mitarbeitende aus über 100 Kulturkreisen stammen, sollte das eine Selbstverständlichkeit sein. Doch was auf dem Papier steht, muss auch gelebt werden. In einem weltoffenen Unternehmen wie der Deutschen Bahn muss diese Haltung ein Bestandteil des gelebten Alltags und unserer Professionalität sein.

Seit Gründung der Deutschen Bahn AG vor inzwischen mehr als 25 Jahren waren sich alle Vorstände einig: So lang und wechselvoll die Geschichte unseres Unternehmens auch ist, so wenig können wir die Augen vor dem Erbe verschließen, das uns durch die Zeit des Nationalsozialismus übertragen worden ist. Eine unserer wichtigsten Aufgaben ist es, über das Geschehene vorbehaltlos zu berichten, es zu thematisieren und dabei immer wieder kritische Fragen an die eigene Unternehmensgeschichte zu richten. Die 2002 eröffnete Dauerausstellung „Die Deutsche Reichsbahn im Nationalsozialismus" im Nürnberger DB Museum dokumentiert die Beteiligung der Reichsbahn an den Verbrechen des Nationalsozialismus.

Vertiefend erschien in zwei Auflagen 2009 und 2019 ein Katalog zu der Wanderausstellung „Sonderzüge in den Tod. Die Deportationen mit der Deutschen Reichsbahn". Er hat durch die dort abgedruckten Dokumente und erläuternden Texte viel dazu beigetragen, die Erinnerung an die Beteiligung der Reichsbahn an einem der größten Menschheitsverbrechen wachzuhalten. Die Ausstellung tourte mehrere Jahre durch 44 Städte und Gemeinden. Ein ähnliches Projekt, das nach dem Schicksal von jüdischen Eisenbahnern fragt und auch von Mut und

DEN OPFERN GEDENKEN

Mit zahlreichen Engagements gedenkt die Deutsche Bahn AG den Opfern des Nationalsozialismus und erinnert an die Beteiligung der Reichsbahn an den Verbrechen des Regimes. Dazu zählen unter anderem das „Mahnmal Gleis 17" am Bahnhof Grunewald in Berlin oder das Erinnerungsprojekt „Gegen das Vergessen" von Fotograf und Filmemacher Luigi Toscano in diversen Bahnhöfen, aber auch die Unterstützung der Gedenkstätte Yad Vashem in Jerusalem.

Menschlichkeit berichtet, ist gerade in Vorbereitung. Wir sind davon überzeugt, dass alle Beschäftigten der Deutschen Bahn – unabhängig davon, in welchem Bereich sie tätig sind – die Gelegenheit haben sollten, von dieser Geschichte zu erfahren.

Aus diesem Wissen wächst unsere historische Verantwortung, das Gedenken an die Opfer des Nationalsozialismus weiterzutragen. Besonders am Herzen liegt uns das „Mahnmal Gleis 17" am Bahnhof Grunewald in Berlin. Vor 80 Jahren begannen hier die systematischen Deportationen jüdischer Frauen, Männer und Kinder aus Deutschland. Die Deportationen geschahen von Oktober 1941 bis März 1945. Nur wenige der Deportierten überlebten. Das Mahnmal wurde 1998 von der Deutschen Bahn eingeweiht und ist heute ein Gedenkort, der von Menschen aus aller Welt besucht wird. Gerade in seiner Schlichtheit und der erschütternden Genauigkeit, mit der die Deportationsdaten, die Zahl der Deportierten und die Zielorte an der Bahnsteigkante aufgeführt sind, lässt es wohl niemanden unberührt.

Hinter den Zahlen und Daten stehen Schicksale Einzelner und Tragödien ganzer Familien. Es waren deutsche Nationalsozialisten, die ihre Namen und ihre Geschichte auslöschen wollten. Umso mehr stehen wir heute in der Verpflichtung, die Erinnerung an sie lebendig zu halten. Die Gedenkstätte Yad Vashem in Israel hat es sich früh zur Aufgabe gemacht, Lebenszeugnisse der im Holocaust ermordeten jüdischen Menschen zu bewahren. Dass wir dort den Neubau eines Archivzentrums

EINE UNSERER WICHTIGSTEN AUFGABEN IST ES, ÜBER DAS GESCHEHENE VORBEHALTLOS ZU BERICHTEN.

unterstützen konnten, hat uns sehr gefreut. Auch dass wir anlässlich des internationalen Holocaust-Gedenktages mit vier anderen großen deutschen Unternehmen sowie dem Freundeskreis Yad Vashem eine „gemeinsame Erklärung gegen Antisemitismus und Rassismus" unterzeichnet haben, war uns wichtig. Damit schloss sich die Deutsche Bahn der Arbeitsdefinition zum Antisemitismus der IHRA (International Holocaust Remembrance Alliance) an und setzte ein Zeichen für Freiheit, Demokratie, Vielfalt und ein friedliches Miteinander.

All dieses Engagement wäre sinnlos, wenn es nicht auch von den Mitarbeitenden des Unternehmens mitgetragen würde. Wenn wir eine Ausstellung wie die des deutsch-italienischen Künstlers Luigi Toscano in unseren Bahnhöfen zeigen, geht es nicht ohne die Unterstützung und die Sorgfalt der Kolleg:innen in den Bahnhöfen. Seine großformatigen Fotografien von Überlebenden des Holocaust tragen den Auftrag „Gegen das Vergessen" an die Nachgeborenen weiter. Dass wir diese eindringliche Botschaft von Luigi Toscano bis Ende 2022 an rund 20 Bahnhöfen zeigen und so einer großen Öffentlichkeit zugänglich machen, ist gerade in dieser Zeit ein wichtiges Signal.

Als Unternehmen ermutigen und unterstützen wir diejenigen, die ehrenamtlich mit großem Engagement an vergleichbaren Projekten mitwirken. Der Verein Zweitzeugen e. V. (ehemals Heimatsucher e. V.) ist ein beeindruckendes Beispiel. In ihm engagieren sich Kolleg:innen, die Erlebnisse von Zeitzeug:innen des ▸▸

DIE OFFENE AUSEINANDER-SETZUNG MIT UNSERER GE-SCHICHTE IST TEIL UNSERER UNTERNEH-MENSKULTUR.

DR. RICHARD LUTZ

Holocaust und der Zwangsarbeit weitertragen. Sie vermitteln so Kindern und Jugendlichen eine Idee davon, welch Leid und Qual Antisemitismus und Rassismus im nationalsozialistisch besetzten Europa verursachten. Der Einsatz der Kolleg:innen wurde 2019 im Rahmen der Verleihung der DB Awards mit dem „Sonderpreis für gesellschaftliches Engagement" der Deutsche Bahn Stiftung ausgezeichnet.

Die offene Auseinandersetzung mit unserer Geschichte ist Teil unserer Unternehmenskultur. Wir sind davon überzeugt, dass aus der bewussten Beschäftigung mit der Vergangenheit Verständnis und Verantwortungsgefühl erwachsen können, sich auch persönlich gegen Antisemitismus, jede Form von Rassismus und Geschichtsvergessenheit zu wehren. Das ist nicht immer einfach, vor allem dann, wenn hasserfüllte Botschaften das Miteinander vergiften. Doch wir unterstützen unsere Mitarbeitenden dabei, sich entschieden für Toleranz und Offenheit einzusetzen und damit rechtsradikalem und menschenfeindlichem Gedankengut den Nährboden zu entziehen.

Diese Überzeugung erfährt auch große Bestätigung durch den Einsatz unserer Auszubildenden. Jedes Jahr engagieren sie sich in dem Wettbewerb „Bahn-Azubis gegen Hass und Gewalt" gegen Fremdenfeindlichkeit, Rechtsextremismus und Diskriminierung. Über 10.000 Auszubildende haben bereits mitgemacht. Das große Engagement unserer Mitarbeitenden macht uns Hoffnung, dass Werte wie Solidarität und Mitmenschlichkeit stärker sind als Hass und Ignoranz. Damit können wir füreinander einstehen und verantwortungsvoll die Zukunft gestalten.

Haltung zeigen ist eine immerwährende Aufgabe und manchmal ein unbequemer Kampf. Haltung erfordert Mut und kontinuierliche Anstrengungen. Denn aus wohlklingenden Worten allein entsteht noch kein Wert. Als Vorstandsvorsitzender eines Unternehmens, dessen Vorläuferorganisation auf diesem Gebiet so kläglich versagte, ist es mir ein Herzensanliegen, dass wir diese Aufgabe annehmen: Haltung zu zeigen und aufgrund unserer Geschichte Verantwortung für unsere Gesellschaft zu übernehmen.

Als Deutsche Bahn bringen wir Menschen zusammen, überwinden Distanzen und leisten einen Beitrag zum Zusammenwachsen von Europa. Im Wortwörtlichen, wie auch im Symbolischen. Wir stehen für ein weltoffenes, tolerantes und vielfältiges Miteinander ein.   X

DR. RICHARD LUTZ

ist seit 2017 Vorstandsvorsitzender der Deutschen Bahn AG. Der promovierte Betriebswirt setzt sich engagiert für die Aufarbeitung der NS-Vergangenheit der Bahn ein.

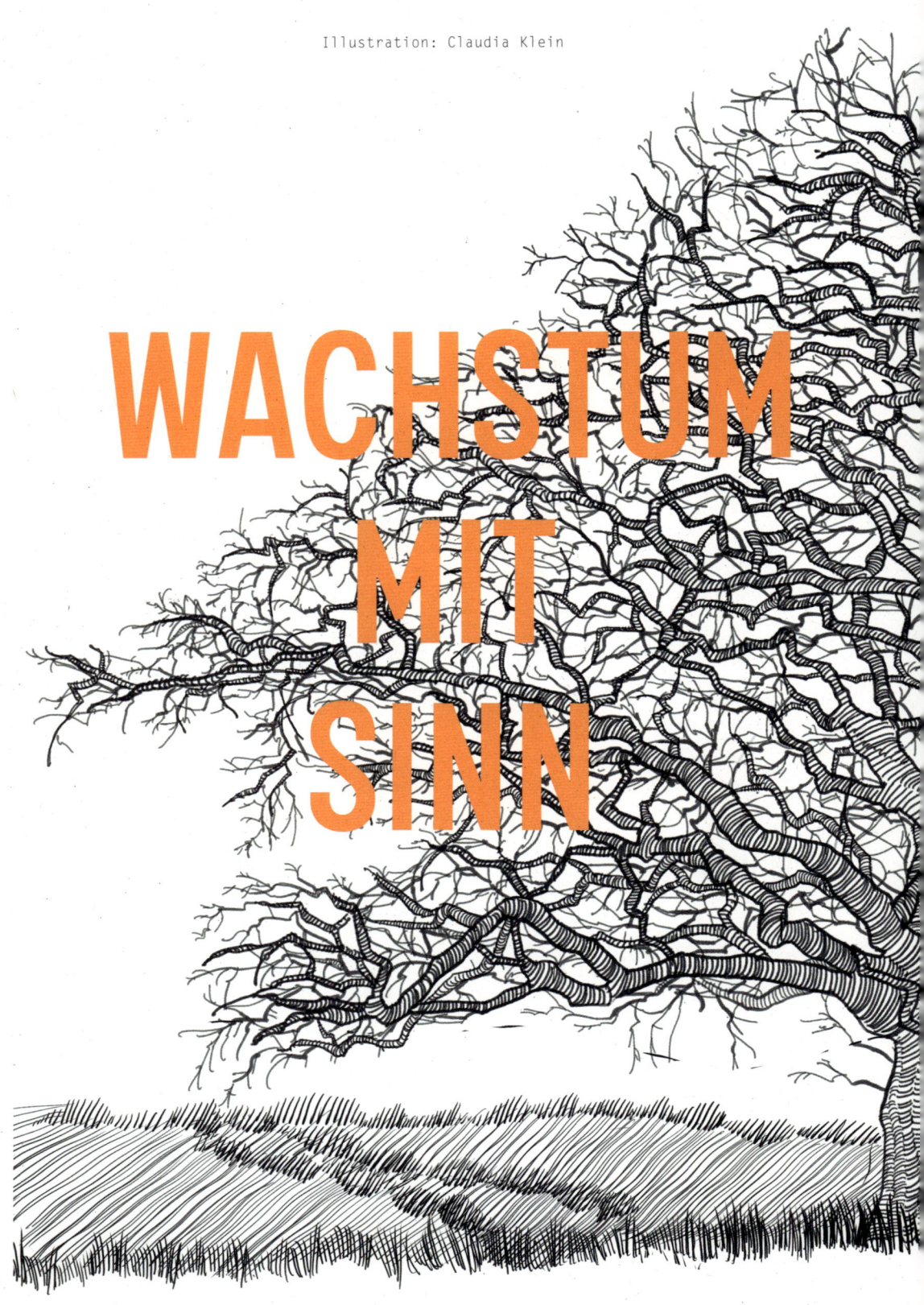

WACHSTUM
MIT
SINN

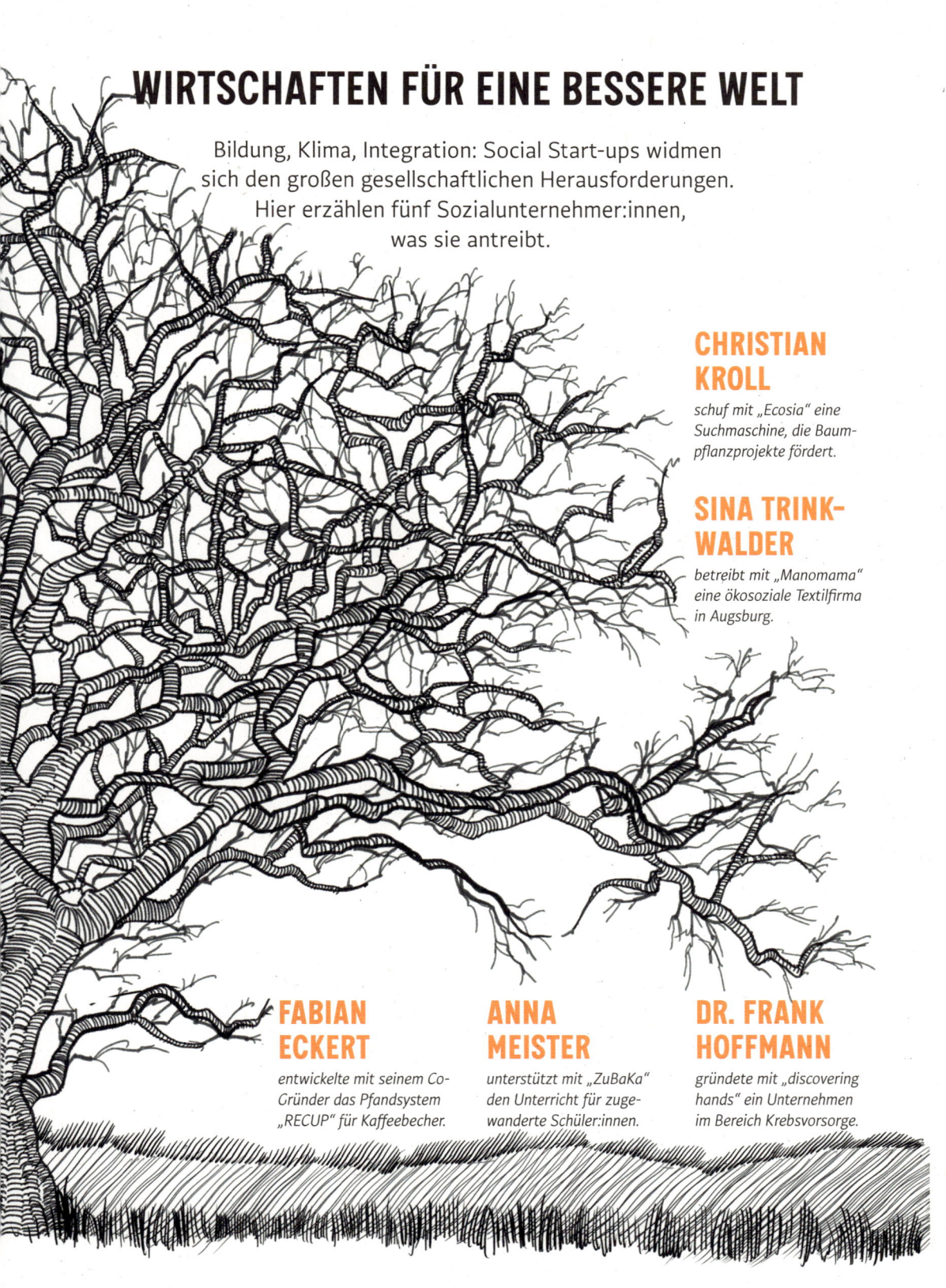

WIRTSCHAFTEN FÜR EINE BESSERE WELT

Bildung, Klima, Integration: Social Start-ups widmen
sich den großen gesellschaftlichen Herausforderungen.
Hier erzählen fünf Sozialunternehmer:innen,
was sie antreibt.

CHRISTIAN KROLL

*schuf mit „Ecosia" eine
Suchmaschine, die Baum-
pflanzprojekte fördert.*

SINA TRINK-WALDER

*betreibt mit „Manomama"
eine ökosoziale Textilfirma
in Augsburg.*

FABIAN ECKERT

*entwickelte mit seinem Co-
Gründer das Pfandsystem
„RECUP" für Kaffeebecher.*

ANNA MEISTER

*unterstützt mit „ZuBaKa"
den Unterricht für zuge-
wanderte Schüler:innen.*

DR. FRANK HOFFMANN

*gründete mit „discovering
hands" ein Unternehmen
im Bereich Krebsvorsorge.*

× SUCHT EUCH JEMANDEN, DER AN EURE IDEE GLAUBT ×

Herr Kroll, was war die Initialzündung für Ihr Social Start-up?

Nach meinem Studium bin ich viel gereist. Vor allem in Südamerika hatte ich die massive Abholzung und die Zerstörung des Regenwalds und auch die damit einhergehenden sozialen Verwerfungen direkt vor Augen. Diese Eindrücke gingen mir nicht mehr aus dem Kopf.

Warum ein Sozialunternehmen?

Ich habe BWL studiert und mich vor allem mit Finanzen und der Börse beschäftigt. Schon als Schüler hatte ich mich für Aktien interessiert. Bei meinen eigenen Käufen hatte ich damals keinerlei Bedenken, welche Art des Wirtschaftens ich damit unterstütze. Relativ schnell kam ich dann doch ins Nachdenken. Ich wollte etwas Eigenes gründen, aber damit möglichst viel Gutes für die Welt tun, statt nur Profit zu machen.

Wie viel Idealismus braucht man dafür?

Schwer zu sagen. Ich empfinde meine Arbeit nicht als aufopfernd, weil ich jeden Tag sehe, was wir bewirken. Bei der Gründung von Ecosia habe ich zwei Versprechen abgegeben: dass ich das Unternehmen niemals verkaufen werde und dass ich Gewinne niemals privatwirtschaftlich nutze. Beides gilt bis heute. 2018 haben wir 99 Prozent der Unternehmensanteile an die Purpose Stiftung übergeben. Ecosia ist jetzt ganz offiziell unverkäuflich.

CHRISTIAN KROLL

gründete Ecosia 2009. Das Modell der „grünen Suchmaschine": Der Großteil der durch Werbung generierten Einnahmen fließt in Baumpflanzprojekte weltweit. Bis heute wurden so mehr als 133 Millionen Bäume gepflanzt.

Haben Sie schon mal darüber nachgedacht, alles hinzuschmeißen?

Nein. Ich bin sehr zielstrebig und gebe nicht so schnell auf. Trotzdem hätte ich Ecosia in seiner heutigen Form nicht schaffen können ohne unser großartiges Team, unsere Partner und die Nutzerinnen und Nutzer.

Ihr wichtigster Rat an andere Gründer:innen?

Sucht euch eine Mentorin oder einen Mentor – das kann wirklich sehr hilfreich sein. Und tut es möglichst früh. Ich selbst habe mich erst relativ spät darum gekümmert und in dieser Zeit einige Fehler gemacht, die ich hätte vermeiden können. Es muss natürlich jemand sein, der absolut von eurer Idee überzeugt ist! **X**

× MAN DARF AUCH UMWEGE GEHEN ×

Frau Trinkwalder, was war die Initialzündung für Ihr Social Start-up?
Schon nach meinem Abitur habe ich eine Kommunikations- und Digital-
agentur gegründet, in der ich bereits viele junge Menschen ausgebildet
habe, die sehr holprige Lebensläufe hatten. Wer sich über Jahre hinweg sozial für die Gesellschaft einsetzt, der verfügt schon über einen
gewissen Altruismus, den man nicht erst anschalten muss. Dafür gibt
es keine Initialzündung. Aber der Altruismus kann nochmal besonders
geweckt werden. Bei mir war das die Begegnung mit einem obdach-
losen Menschen in Wuppertal, dessen Situation mir wirklich die Augen
geöffnet hat.

Warum ein Sozialunternehmen?
Wir wollten Menschen unabhängig von ihrem Lebenslauf und ihrer
Herkunft eine Chance geben, ihren Lebensunterhalt zu erwirtschaften.
Wenn wir Menschen Erwerbstätigkeit verwehren, verwehren wir ihnen
die Teilhabe an unserer Gesellschaft. Deswegen habe ich mich ent-
schlossen, Manomama zu gründen. Ich bin überzeugt davon, dass jeder
Mensch ein Talent hat, das man aber manchmal nicht auf den ersten
Blick erkennt. Das muss man dann gemeinsam suchen. Aber auch ein
soziales Unternehmen muss sich finanziell selbst tragen, also zumindest
die schwarze Null anstreben, sonst fiele das in den Bereich der Barmher-
zigkeit. Bei Manomama sind wir auch gewinnorientiert. Uns ist in erster
Linie der menschliche Gewinn wichtig, nicht der monetäre.

Wie viel Idealismus braucht man dafür?
Man braucht sehr viel Idealismus. Aber viel wichtiger ist Menschen-
liebe. Das ist mein Antrieb. Allerdings muss man auch lernen, damit
umzugehen, dass es Menschen gibt, die versuchen, das Engagement
auszunutzen. Man muss sich da immer fragen: Benötigt dieser Mensch
wirklich meine Hilfe oder ist er einfach nur faul? In jedem Fall zu helfen,
wäre unfair gegenüber denjenigen, die die Hilfe wirklich benötigen. Man
braucht also auch ein sehr dickes Fell. Es ist aber erfüllend, einen ▸▸

SINA TRINK-WALDER

Der Mensch im Mittelpunkt – das ist das Credo der Unternehmerin, die in ihrer Textilfirma Manomama vor allem Frauen mit schlechten Chancen auf dem Arbeitsmarkt beschäftigt, etwa Ältere und Alleinerziehende.

Menschen auf seinem Weg zurück in die Gesellschaft zu begleiten und zu sehen, wie er aus seiner Erwerbstätigkeit Selbstbewusstsein schöpft.

Haben Sie schon mal darüber nachgedacht, alles hinzuschmeißen?

Ja, wenn man sein Unternehmen ernst nimmt, muss man immer wieder schwierige Entscheidungen treffen. Mit Manomama hatte ich zu Beginn einen großen Tiefpunkt. Wir haben damals zum ersten Mal mit einem Drogerieunternehmen zusammengearbeitet, das sehr viele Taschen brauchte. Dafür konnten wir nicht alles händisch zuschneiden. Deswegen habe ich für viel Geld einen Cutter gekauft. Zwei Mitarbeiterinnen wurden eingewiesen, um die Maschine bedienen zu können, und schon am nächsten Tag gab es Probleme damit. Ich hatte damals alle meine Ressourcen in das Unternehmen gesteckt. Dann stellte sich heraus, dass eine Mitarbeiterin den Kompressor nicht eingeschaltet hatte, weil sie nicht digital zuschneiden wollte, obwohl das einfacher ge-

wesen wäre. Es gab ein Gespräch und letztlich hat sie Manomama verlassen.

Ihr wichtigster Rat an andere Gründer:innen?

Natürlich ist jede Gründung individuell und hängt von vielen Faktoren ab: von der Idee, dem Gründungszeitpunkt, von den Gründerinnen und Gründern selbst. Was ich aber allgemein sagen kann: Unternehmerischer Erfolg ist menschengemacht. Wenn man eine tolle Idee, aber nicht das Zeug zum Unternehmer hat, dann sollte man die Finger vom Unternehmertum lassen. Lieber gibt man dann die Idee jemandem mit unternehmerischem Geschick und lässt sie sich bezahlen. Und ich würde raten, nicht auf Menschen zu hören, die behaupten, man müsse nichts tun, um als Unternehmer viel Geld zu verdienen. Unternehmerischer Erfolg hängt davon ab, den einen Meter mehr zu gehen als die anderen, aber es muss der richtige sein. Man darf Umwege gehen, aber man muss auch wissen, wann der Umweg nicht nötig ist. **X**

ES IST ERFÜLLEND, EINEN MENSCHEN AUF SEINEM WEG ZURÜCK IN DIE GESELLSCHAFT ZU BEGLEITEN.

Sina Trinkwalder, Gründerin von Manomama

× STEHT FÜR DIE EIGENEN WERTE EIN ×

Herr Eckert, was war die Initialzündung für Ihr Social Start-up?

Angefangen hat das Ganze im Sommer 2016, als mir im Studium die vor Einwegbechern überquellenden Mülleimer extrem aufgefallen sind. Für fünf Minuten Kaffeegenuss werden Unmengen an Ressourcen verbraucht und es entsteht ein Müllberg, der seinesgleichen sucht. Mir war klar: Das muss anders gehen! Mein Mitgründer Florian hatte zur selben Zeit den gleichen Gedanken und durch einen Zufall sind wir damit zusammengetroffen. Gemeinsam mit 26 Partnern haben wir dann Ende 2016 in Rosenheim ein Pilotprojekt zu einem Pfandsystem für Kaffeebecher gestartet. Das System kam gut an und mittlerweile ist RECUP bundesweit an mehr als 9.000 Stellen vertreten und mit REBOWL um eine Lösung für Take-away-Essen gewachsen. Wir freuen uns, dass unser Pfandsystem stetig weiterwächst und die Müllberge nach und nach schwinden lässt.

Warum ein Sozialunternehmen?

Mir war klar, dass es nicht so weitergeht, wie es bisher an vielen Stellen läuft: nur an die nächsten 60 Jahre auf dieser Erde zu denken und nicht an die Generationen darüber hinaus. Wir haben uns bei der Gründung von RECUP von Anfang an gefragt: Was sind die Dinge, für die wir stehen wollen? Das ist ein Umdenken auf sozialer, ökologischer und ökonomischer Ebene. Sozial wollen wir dazu beitragen, dass

FABIAN ECKERT

gründete RECUP gemeinsam mit Florian Pachaly. Das Motto des Sozialunternehmens, das ein Pfandsystem für Kaffeebecher entwickelt hat: „Einfach besser bechern".

sich die Arbeitswelt verändert. Wir möchten als Arbeitgeber neue Wege gehen. Ökonomisch ist es unser Ziel, unser Wirtschaftssystem positiv mitzugestalten. Daher war es uns wichtig, eine profitorientierte Organisation aufzubauen, in der Gewinne langfristig für unseren Zweck eingesetzt werden können. Und unseren Schwerpunkt setzen wir auf der ökologischen Ebene. Wir stellen Material, Ressourcen und Müllvermeidung in den Mittelpunkt und bieten dafür auch eine konkrete Lösung an. Das ist der Purpose von RECUP und unsere Verantwortung als Gründer.

Wie viel Idealismus braucht man dafür?

Ich weiß gar nicht, ob es nicht vielmehr um Verstand und langfristiges Denken als um Idealismus geht. Was wir machen, ist natürlich ein Stück weit auch idealistisch, aber in allererster Linie schauen wir uns die Fakten und die Lage an und überlegen, wie man es besser machen ▸▸

kann und vor allem muss. Idealismus blendet viel aus und das wollen wir nicht. Uns geht es um die Erhaltung der Erde und deren Schutz.

Haben Sie schon mal darüber nachgedacht, alles hinzuschmeißen?

Ja, ich denke andauernd daran. Bestimmt einmal im Monat. Das ist für mich aber auch wichtig, denn jedes Mal entscheide ich mich bewusst dafür weiterzumachen. Und wenn ich mich bewusst für ein Weitermachen entscheide, dann kann ich danach nicht in die Situation kommen, in der ich mir denke: „Hätte ich mir die Frage mal gestellt!" Ich finde, dass es durchaus sehr gesund und wichtig ist, sich immer mal wieder vor Augen zu führen, warum man das Ganze eigentlich macht, denn das gibt einem viel Kraft und Willensstärke.

Ihr wichtigster Rat an andere Gründer:innen?

Für die eigenen Werte einstehen und sich ganz bewusst die Frage stellen: Was möchte ich wie umsetzen und was möchte ich damit konkret erreichen? Was ist das Ziel der Unternehmung? Warum gründe ich? In der Gründungsphase denkt man, dass das Luxusprobleme sind, mit denen man sich auseinandersetzen kann, wenn das Unternehmen mal läuft. Langfristige Ziele sollten aber schon direkt am Anfang gesteckt werden, beispielsweise zur Finanzierungsstruktur. Denn es gibt existenzielle Dinge, für die man nur in der Gründungsphase die Weichen stellen kann. Das ist etwas, was ich damals gerne schon gewusst hätte und daher Gründer:innen mitgeben möchte. **x**

ZUBAKA

✕ VERTRAUE AUF DEINE INTUITION ✕

Frau Meister, was war die Initialzündung für Ihr Social Start-up?

Nach den ersten Jahren meiner Berufstätigkeit im Stiftungssektor wollte ich herausfinden, wo die Probleme unseres Bildungssystems tatsächlich liegen, und habe mich daher entschlossen, zwei Jahre an einer Grund- und Hauptschule in einem sogenannten Brennpunkt in Frankfurt mitzuarbeiten. Schnell wurde deutlich: Vor allem für zugewanderte Kinder und Jugendliche aus **▸▸**

ANNA MEISTER

unterstützt mit ZuBaKa (Zukunftsbaukasten) Schulen dabei, zugewanderte Kinder und Jugendliche zu fördern. Sogenannte ZuBaKa-Scouts bieten dafür Unterrichtsprojekte und Ferienworkshops an.

sozial schwierigem Umfeld stehen in unserem Bildungssystem nicht ausreichende Ressourcen bereit, um sie angemessen zu fördern und zu unterstützen. Das im Alltag live mitzuerleben, hat mich sehr beschäftigt und dazu beigetragen, die Idee für zusätzliche Bildungsbausteine zu entwickeln. Ich wollte dabei weg von dem häufig vorherrschenden defizitären Blick auf „die Schüler:innen, die noch kein Deutsch können," hin zu Projekten, die ihre Stärken und Potenziale sichtbar machen und ihr Selbstvertrauen stärken.

Warum ein Sozialunternehmen?

Ich frage mich eher, wie man auf die Idee kommt, KEIN Sozialunternehmen zu gründen. Für mich ist der gesellschaftliche Nutzen eines unternehmerischen Ansatzes essenziell und ich kann mir nicht vorstellen, meine Energie in Projekte oder Produkte zu stecken, die keinerlei sinnvollen Mehrwert zur Lösung sozialer oder ökologischer Herausforderungen beisteuern.

Wie viel Idealismus braucht man dafür?

Für die Gründung eines Sozialunternehmens mit eher anspruchsvollem Geschäftsmodell und der stets vorhandenen Frage „Wer soll das eigentlich bezahlen?" muss man meines Erachtens das Mindset einer naiven Optimistin mitbringen. Vor allem in Gründungszeiten hat mir eine spielerische Herangehensweise und die Tatsache, dass mir einige Hürden im Vorfeld nicht bewusst waren, weitergeholfen. Ausprobieren, dazulernen, anpassen und

wieder ausprobieren – so in etwa sah und sieht mein Prozess aus, in dem eine klare, sicher auch idealistische Vision dazu beiträgt, den Mut nicht zu verlieren. Gleichzeitig reicht eine reine Weltrettungsphilosophie nicht aus, um tragfähige Strukturen aufzubauen. Man muss sich gut überlegen, wo die eigenen Grenzen liegen. Für mich war zum Beispiel wichtig, frühzeitig ein Gehalt zu beziehen und nicht ehrenamtlich zu arbeiten.

Haben Sie schon mal darüber nachgedacht, alles hinzuschmeißen?

Sicher! Und nicht nur ein Mal. Allerdings ging es über impulsive Hinschmeißgedanken bislang nicht hinaus, da ich insgesamt noch immer viel Spaß an dem habe, was ich tue. Gleichzeitig kann ich mir gut vorstellen, ZuBaKa irgendwann zu übergeben und an weiteren sozialen Innovationen zu arbeiten. Neue Impulse zu setzen und noch nicht vorhandene Strukturen zu entwickeln, liegt mir und ich langweile mich schnell. Sobald ich das Gefühl habe, nichts Neues mehr probieren zu können, würde ich weiterziehen.

Ihr wichtigster Rat an andere Gründer:innen?

Ich werde häufiger nach Tipps für Gründer:innen befragt und habe auch immer wieder meine weisen Top-Ratschläge verteilt. Inzwischen denke ich, dass das der ganz falsche Ansatz ist. Daher wäre heute mein Appell: Lass dir ja nicht erzählen, wie man „richtig" gründet, vertraue auf deine Intuition, lerne von anderen und finde den Weg, der zu dir passt!   **X**

> # ICH KANN MIR GAR NICHT VORSTELLEN, MEINE ENERGIE IN PROJEKTE ZU STECKEN, DIE KEINERLEI SINNVOLLEN MEHRWERT HABEN.
>
> Anna Meister,
> Gründerin von ZuBaKa

× HAB KEINE ANGST ZU SCHEITERN ×

Herr Dr. Hoffmann, was war die Initialzündung für Ihre Gründung?

Als niedergelassener Gynäkologe war ich unzufrieden mit der Brustkrebsfrüherkennung, die ich meinen Patientinnen anbieten konnte. Im dicht getakteten Praxisalltag habe ich wie alle Kolleg:innen nur einige Minuten Zeit für das Abtasten der Brust und war immer in Sorge, einen Befund vielleicht übersehen zu haben. Das Mammographie-Screening wird Frauen als gesetzliche Vorsorgeleistung erst ab dem 50. und nur bis zum 69. Lebensjahr angeboten und nur alle zwei Jahre. Die Früherkennung gerade für jüngere Frauen ist unzureichend. Eines Morgens kam mir unter der Dusche der Gedanke, dass sehbehinderte und blinde Menschen meist über einen hervorragenden Tastsinn verfügen, und die Idee war geboren, sie in der Brustkrebsfrüherkennung einzusetzen. Zudem faszinierte mich der Ansatz, für schwerbehinderte Menschen ein konkurrenzloses Arbeitsfeld schaffen zu können.

Warum ein Sozialunternehmen?

Alle Bedingungen für ein erfolgreiches Sozialunternehmen waren erfüllt. Die Idee war schlüssig und innovativ, denn wir können eine Win-win-win-Situation kreieren: das Leiden

DR. FRANK HOFFMANN

ist Gründer und Geschäftsführer von discovering hands. Das Sozialunternehmen bildet blinde und sehbehinderte Frauen zu Medizinisch-Taktilen Untersucherinnen (MTUs) aus, die bei der Brustkrebsfrüherkennung eingesetzt werden.

an Brustkrebs verringern, inklusive Arbeitsplätze schaffen und Kosten im Gesundheitswesen sparen. Der Bedarf war und ist enorm, denn jede siebte Frau erkrankt im Laufe ihres Lebens an Brustkrebs. Unsere neu entwickelte Diagnosemethode, die Taktilographie, ist in bestehende Strukturen integrierbar: Wir bilden Medizinisch-Taktile Untersucherinnen (MTUs) aus, stellen sie fest ein und kooperieren per Arbeitnehmerüberlassung mit Arztpraxen und Kliniken. Ein Sozial- und Inklusionsunternehmen zu gründen lag auf der Hand.

Wie viel Idealismus braucht man dafür?

Viel, und noch mehr Ausdauer. Auf dem Gesundheitsmarkt bundesweit und international eine weitere Säule der Brustkrebsfrüherkennung zu etablieren, auch gegen die Widerstände (zunächst) skeptischer Gynäkolog:innen, Radiolog:innen und Krankenkassen, erfordert die absolute Überzeugung, das Richtige zu tun. Aber ich habe schnell Mitstreiter:innen gefunden, die mit mir beherzt und tatkräftig geplant und meine Idee umgesetzt haben. Uns gelang es, mit namhaften Brustzentren Studien durchzuführen, die frühere NRW-Gesundheitsministerin war unsere Schirmherrin, wir haben viele wichtige Auszeichnungen erhalten, immer mehr Fachkolleg:innen und Krankenkassen überzeugt. Und die Patientinnen und die von uns qualifizierten blinden Frauen sind begeistert.

BESONDERES TALENT Die Unternehmensidee baut auf dem meist hervorragenden Tastsinn blinder und sehbehinderter Menschen auf.

Susanne Klattens SKala-Projekt fördert uns in erheblichem Umfang mit Ausbildungsstipendien für nicht Reha-fähige Frauen – das sind alles großartige Bestätigungen für unsere Arbeit!

Haben Sie schon mal darüber nachgedacht, alles hinzuschmeißen?

Nein, denn das, was ich tue, ist meine Lebensaufgabe. Ich verhehle nicht, dass die Arbeitsbelastung für mich und unser stetig wachsendes Team oft sehr hoch ist. In Teilzeit führe ich seit der Gründung von discovering hands meine frauenärztliche Praxis „nebenher" weiter (allerdings gemeinsam mit vier Kolleginnen), nehme etwa 15 Abschlussprüfungen der MTUs im Jahr ab, und ich bin viel im Ausland unterwegs, um unser Modell auch anderenorts zu erproben – bisher in Österreich, in der Schweiz, in Indien, Nepal, Kolumbien und Mexiko. Aber jede Frau, deren Leben wir mittels der Taktilographie retten können oder der wir eine schonendere Behandlung ermöglichen, ist unser Engagement wert. So wie die mittlerweile etwa 80 MTUs, die – zuvor oftmals frühberentet oder in ungeliebten Berufen tätig – in einem anerkannten, absolut sinnvollen Job arbeiten und selbstbewusst der Welt zeigen, wie sie ihre Behinderung in ein besonderes Talent umwandeln.

Ihr wichtigster Rat an andere Gründer:innen?

Wenn du eine richtig gute Idee für eine soziale Innovation hast, die neuartig ist und nachhaltig, dann lass' dich durch nichts und niemanden davon abbringen, sie umzusetzen. Recherchiere, ob du damit wirklich etwas erreichen kannst, was die Gesellschaft braucht. Wenn das so ist, leg' los! Suche dir engagierte Mitstreiter:innen, die von deiner Idee überzeugt sind, solidarisch und ausdauernd. Kläre vor der Umsetzung deines Projekts, wie du es finanzieren kannst. Verliere auf deinem Weg nie dein Ziel aus den Augen, auch wenn du Umwege gehen und Hürden nehmen musst. Hab keine Angst zu scheitern. Fehler zu machen ist immer ein Teil des Weges zum Erfolg, wenn du aus den Fehlern lernst. Mache also nie den gleichen Fehler zweimal. Und glaube an deine Mission; mein eigener Weg zeigt, wie viel möglich ist – viel Glück! **X**

Ein Interview mit Thomas Jorberg

×GEWINNE SIND KEIN SELBST- ZWECK×

Illustration: Tim Weiffenbach

Die Menschen und ihre Grundbedürfnisse stehen im Mittelpunkt des Wirkens von Thomas Jorberg, einst der erste Lehrling und inzwischen langjähriger Vorstandssprecher der GLS Bank. Im Interview erklärt er, warum Unternehmen die sozio-ökologische Transformation konsequent angehen müssen, um eine Finanzierung durch sein Institut erhalten zu können.

Herr Jorberg, heute ist Nachhaltigkeit eines der wichtigsten Trendthemen bei Banken und auch bei der Geldanlage. Als Vorstand der GLS Bank zeigen Sie bereits seit vielen Jahren Haltung und treten für verantwortungsvolles Wirtschaften ein. Wie wurde das Modell einer sozial-ökologischen Bank in der Vergangenheit in der Finanzbranche gesehen?

Vor 20 oder 25 Jahren war unser sozialökologischer Anspruch noch etwas Exotisches. Darüber zu berichten hat bei den Zuhörern meist Erstaunen hervorgerufen – manchmal auch Bewunderung. Aber diesen Anspruch für das eigene Geschäft zu übernehmen kam für niemanden infrage. Die allgemeine Haltung war: Das ist höchstens in einer ganz kleinen Nische möglich.

Vor etwa zehn Jahren, also im Auslaufen der globalen Finanzmarktkrise, sah das schon völlig anders aus. Die GLS Bank hatte da enorme Wachstumsraten, wodurch sie bereits eine ganz andere Größenordnung erreicht hatte. Viele waren von dieser Entwicklung mit solch einem Geschäftsmodell beeindruckt. Und praktisch jede Bank hat ein nachhaltiges Fondsangebot eingeführt.

Wir sind seit 1974 die Referenz für nachhaltiges Banking und in den letzten zehn Jahren haben wir deutlich an Relevanz gewonnen. Viele haben sich das ein oder andere bei uns abgeschaut – was ich durchaus als ein Kompliment verstehe.

Fühlen Sie sich durch diese Entwicklung in Ihrer Haltung bestätigt oder fürchten Sie um Ihre Stammkund:innen?

Die notwendige Transformation der Wirtschaft kann die GLS Bank nicht allein bewerkstelligen – das ist mir bewusst. Deshalb bin ich sehr froh, wenn sich Nachhaltigkeit im gesamten Finanzmarkt durchsetzt. Und es ist ja nicht so, dass wir schon alles erreicht hätten, was wir uns vorgenommen haben. Wir haben noch genug zu tun. Zugleich sehe ich natürlich, dass mit den vollmundigen Ankündigungen auch viel Greenwashing betrieben wird – ‚Fake it until you make it'. Aber hinter den Fassaden wird kräftig an Nachhaltigkeit gearbeitet. Sorge vor dieser Entwicklung habe ich nicht. Sie ist vielmehr ein Ansporn für uns, unsere Qualität – also unsere Nachhaltigkeitskriterien – weiter zu verbessern. Dabei beziehen wir auch klar Position – zum Beispiel im Bereich erneuerbare Energien: So finanzieren wir heute Photovoltaik auf Dächern, aber nicht mehr auf landwirtschaftlichen Flächen. Denn wir wollen nicht dazu beitragen, dass Wiesen und Äcker weiter verspiegelt werden. ▸▸

»DER ÖKONOMISCHE GEWINN IST EINE FOLGE – NIEMALS DER ZWECK.«

Wenn sozial-ökologische Nachhaltigkeit zum Mainstream wird – wie kann es einem Spezialinstitut wie der GLS Bank gelingen, sich vom Wettbewerb abzugrenzen?

Ich denke gar nicht, dass wir uns abgrenzen müssen. Nach Tschernobyl haben wir als erste Bank Windkraftanlagen finanziert, obwohl die Stromerzeugung durch Windkraft damals noch als unmöglich galt. Auch in Zukunft wollen wir Leuchtturm bleiben und Orientierung geben. Jeder, der uns auf unserem Weg folgt, ist herzlich willkommen.

Was unterscheidet Ihre Haltung heute von der des Wettbewerbs?

Wir stellen die Menschen und ihre Grundbedürfnisse in den Mittelpunkt unserer Arbeit. Der ökonomische Gewinn ist eine Folge, aber niemals der Zweck unseres Handelns. Alle unsere Kredite und Investments machen wir transparent, bei der GLS Bank gibt es keine Spekulation oder abstrakten Finanzprodukte. Wir stehen für eine nachhaltige Gemeinschaft mit Haltung. Das unterscheidet uns von anderen Banken.

Die GLS Bank schließt Kredite und Investments für Wirtschaftsbereiche wie Kohleenergie, Rüstung oder Massentierhaltung aus. Aber in welche Branchen fließt das Geld Ihrer Kund:innen und Mitglieder?

Da wir immer von den Bedürfnissen der Menschen ausgehen, finanzieren wir schwerpunktmäßig entsprechende Wirtschaftsbereiche: Das sind der ökologische Landbau und die Weiterverarbeitung der Lebensmittel bis zum Einzelhändler, natürlich erneuerbare Energien, aber auch das bezahlbare Wohnen in ökologischen Gebäuden. Darüber hinaus fließt das Geld in soziale Einrichtungen und ermöglicht vielfältige kulturelle sowie Bildungsangebote.

Und dann sind da noch die Unternehmen, die Nachhaltigkeit in besonderer Art und Weise zum Kern ihrer Geschäftspolitik machen. Das ist oft nicht so einfach an bestimmten Kriterien festzumachen – gerade im Zuge der aktuellen Transformation, in der sich viele Unternehmen verändern wollen und auch verändern müssen. Da ringen wir immer wieder um die Frage, wen wir unterstützen.

Aber ist nicht jeder Schritt hin zu mehr Nachhaltigkeit ein Schritt in die richtige Richtung?

Wir schauen da schon genauer hin: Ist die geplante Transformation wirklich ernst gemeint? Oder geht es nur darum, einen Teil der Produktion oder der Produkte umzustellen und der Rest macht weiter wie bisher? Das wäre dann kein Kunde für uns! Wir begleiten Unternehmen gerne bei ihrer Transformation, aber nur, wenn die gesamte Geschäftspolitik klar darauf ausgerichtet ist. Zum Beispiel haben wir große Molkereien finanziert, deren Produktion am Anfang noch zu 80 Prozent konventionell war. Heute sind das zu ▸▸

BANK MIT KLAREM KOMPASS

Die Gemeinschaftsbank für Leihen und Schenken (GLS Bank) ist mit einer Bilanzsumme von aktuell rund neun Milliarden Euro die größte nachhaltige Bank Deutschlands und Vorreiterin in der Branche. Sie ist eine Genossenschaft mit mehr als 80.000 Mitgliedern und rund 300.000 Kund:innen. Bereits seit 1974 finanziert sie sozial-ökologische Unternehmen und Vorhaben. Ihre Schwerpunkte liegen auf den Themen Ernährung, erneuerbare Energien, Bildung und Kultur, Wohnen, Soziales und Gesundheit sowie der nachhaltigen Wirtschaft. Zugleich hat die GLS Bank Negativkriterien definiert, um ihren Nachhaltigkeitszielen gerecht zu werden. Ausgeschlossen werden zum Beispiel die Geschäftsfelder Massentierhaltung, Atom- und Kohleenergie sowie Gentechnik in der Landwirtschaft.

100 Prozent Biounternehmen. Das ist unser Verständnis von Nachhaltigkeit.

Gab es eine Initialzündung für Ihr Nachhaltigkeitsengagement? Und wie vertragen sich aus Ihrer Sicht Geld und Moral?

Wenn es so einen Moment gab, dann noch vor meiner Lehrzeit. Ich bin in einem kleinen Dorf in Süddeutschland aufgewachsen und nach meinem Schulabschluss 1977 über private Umstände nach Bochum gekommen, um bei der Renovierung eines Kindergartens zu helfen. In dieser Zeit habe ich bei Wilhelm Ernst Barkhoff gewohnt, der die GLS Bank wenige Jahre zuvor gegründet hatte. Er hat immer davon erzählt, was man alles bewirken kann, wenn man mit Geld bewusst umgeht, wenn man Geld als Mittel zur gesellschaftlichen Gestaltung nutzt. Das hat mich einfach fasziniert und als er mich dann gefragt hat, ob ich bei ihm eine Lehre machen will, wurde ich der erste Lehrling der GLS Bank.

Ich bin Banker geworden, weil man damit eben sozial-ökologisch gesellschaftsgestaltend wirken kann. Dabei ist es toll, nicht nur für etwas zu schwärmen oder gegen etwas zu protestieren, sondern ganz praktisch zu zeigen: Es geht auch anders. Und das zeigen nicht nur unsere Zigtausenden Kundinnen und Kunden, sondern auch die unzähligen sozial-ökologischen Projekte, die wir finanzieren.

Aber lässt sich nicht auch in der Realwirtschaft viel Gutes für Umwelt und Gesellschaft tun?

Ja, ich hätte mir auch eine Karriere bei einem Unternehmen in der Realwirtschaft vorstellen können. Gerade mit dem Bereich erneuerbare Energie habe ich vor vielen Jahren einmal geliebäugelt. Als Aufsichtsrat der Elektrizitätswerke Schönau und als Präsident des Verwaltungsrats von Weleda, dem Marktführer für zertifizierte Naturkosmetik in Europa, kenne ich die Realwirtschaft durchaus. Aber das Reizvolle, das Großartige am Beruf des Bankers ist eben der ganzheitliche Blick. Man befasst sich mit allen Bereichen der Wirtschaft.

Wie hat sich die strikte Haltung der GLS Bank in der Coronakrise ausgewirkt?

Materiell hat sie die Bank nicht getroffen. Wenn wir die Kreditausfälle und Kreditrisiken betrachten, sind die Auswirkungen überschaubar, da wir sehr stark die Grundbedürfnisse finanzieren. Wohnen muss jeder, essen muss jeder, Energie braucht jeder und Bildung ebenso. Damit haben sich genau die Bereiche, auf die es bei der nachhaltigen Transformation ankommt, in der Krise als besonders resilient erwiesen.

Ganz anders sieht das bei unseren Kundinnen und Kunden sowie in der Mitgliedschaft aus. Hier gibt es sehr, sehr viele, die von der Coronakrise hart getroffen wurden – vor allem Menschen im Gesundheitswesen, in der Kunst oder Selbstständige.

Zugleich hat die Pandemie gezeigt, wie schnell Veränderungen tatsächlich möglich sind – das fand ich hochspannend. Innerhalb weniger Tage haben 50, 60 Prozent unserer Mitarbeitenden im Homeoffice gearbeitet. Hätte man mich eine Woche zuvor gefragt, hätte ich gesagt: „Das ist völlig undenkbar." Wenn man diese Entwicklung auf andere Dinge überträgt, die notwendig sind, kann das nur Mut machen.

Werden die Nachhaltigkeitsbanken in den nächsten Jahrzehnten in die Spitzengruppe der größten Banken in Deutschland aufrücken?

Wenn wir uns die etwa 800 Genossenschaftsbanken anschauen, gehören wir bereits zur Spitzengruppe – ganz ohne eine Fusion. Im Endeffekt ist die Größe allein aber nicht entscheidend. Die Qualität halte ich für viel wichtiger. Denn unsere Wirksamkeit ▸▸

als Leuchtturm in der Finanzbranche ist ja viel größer als unser nominales Kreditvolumen. Und diese Wirksamkeit ist umso höher, je besser wir sind. Der Sinn unserer Tätigkeit ist es, das Geld dahin zu bringen, wo es sinnvoll sozial-ökologisch gebraucht wird, und das mit möglichst geringen Mitteln. Das ist auch der Kern von Ökonomie. Wir brauchen Gewinn, um unsere Risiken abzudecken und um uns weiterzuentwickeln. Wenn man aber Gewinn zum Ziel eines Unternehmens macht, dann wird es irgendwie sinnlos. Gewinne zu machen ist kein Selbstzweck.

Da würden Ihnen viele Unternehmer:innen und Investor:innen vermutlich widersprechen. Denn für viele von ihnen ist Gewinn durchaus das wichtigste Kriterium.

Das ist gerade das Problem. Deswegen haben wir den Klimawandel. Deswegen haben wir das Artensterben und die soziale Ungerechtigkeit. Weil die Ökonomie als Selbstzweck verstanden wird. Die Wirtschaft ist für den Menschen da und nicht der Mensch für die Wirtschaft. Das ist das Missverständnis, was wir heute vielfach haben. Dass wir meinen, wirtschaftliche Tätigkeit sei dafür da, Gewinne zu erzielen. Und das ist rein ökonomisch Unsinn.

Die Wirtschaft ist dafür da, ganzheitlich Bedürfnisse zu decken – so ökonomisch wie möglich – und unter den Rahmenbedingungen, dass unsere Enkel diese Möglichkeit auch noch haben. Aber das ist, glaube ich, der Kern der Transformation, vor der wir stehen, und auch der Kern der Frage nach der eigenen Haltung: Was ist der Sinn meiner Tätigkeit?

Welche Haltung brauchen wir aus Ihrer Sicht, damit die Transformation zu einer nachhaltigen Wirtschaft gelingen kann?

Das System der Marktwirtschaft, in dem wir heute leben, war in der Vergangenheit zur Mangelbeseitigung durchaus erfolgreich – ganz ohne Frage auch mit negativen Folgen. Wir müssen jedoch erkennen, dass sich die Rahmenbedingungen grundlegend geändert haben: Früher ist man davon ausgegangen, dass Kapital knapp und die Natur im Überfluss vorhanden sei. Das ist die Ursache unseres heutigen Problems, denn das Gegenteil ist eingetreten: Natur ist das Knappste, was wir haben. Kapital hingehen ist im Überfluss vorhanden. Wir müssen sogar noch etwas dafür bezahlen, damit es jemand anderes nimmt. Deshalb müssen wir unser System umbauen, damit es wieder gesund wird und wieder erfolgreich sein kann. Denn wie UN-Generalsekretär António Guterres gesagt hat: „Die Menschheit führt Krieg mit der Natur. Das ist selbstmörderisch. Die Natur schlägt immer zurück – und sie tut es bereits mit zunehmender Kraft und Wut." **X**

THOMAS JORBERG

wurde 1957 geboren und lebt mit seiner Familie in Bochum. Der Diplom-Ökonom ist seit 1993 Mitglied des Vorstands und seit 2003 Vorstandssprecher der genossenschaftlichen GLS Bank mit über 300.000 Kund:innen und einer Bilanzsumme von neun Milliarden Euro. Er ist zudem Gründungsvorstand der Global Alliance for Banking on Values, einem internationalen Bündnis sozial-ökologisch orientierter Banken für Nachhaltigkeit im Finanzmarkt, das 2009 gegründet wurde. Für seine verantwortungsvolle Unternehmensführung wurde Thomas Jorberg mehrfach ausgezeichnet.

Simon Schnetzer

Kann Schule Wertebildung?

Schulen sind besondere soziale Scharnierstellen: Hier kommen Kinder und Jugendliche zusammen und durchlaufen gemeinsam die prägendsten Jahre der sozialen Reifung. Um in dieser Phase Vorurteile zu überwinden, Neugierde für Unbekanntes zu entwickeln und eine tolerante Haltung zu erlernen, reicht normaler Unterricht nicht aus.

Um eine von Offenheit geprägte Haltung zu erlernen, kommt es weniger darauf an, dass in einem Sozialraum wie der Schule Menschen zusammenkommen, sondern wie sie dort zusammenkommen. Lassen Sie mich das an einem Restaurantbesuch veranschaulichen: Viele Menschen bestellen das, was sie kennen und wovon sie wissen, dass es ihnen schmeckt. Als Gast minimieren sie das Risiko, etwas zu essen, das ihnen nicht schmeckt, oder sie nicht satt macht. Kurzum, sie bleiben in ihrer Komfortzone. Diese Komfortzone zu erweitern stellt die größte Schwierigkeit und Hürde für Menschen dar, eine offenere Haltung zu erlangen. In einem Restaurant geschieht das manchmal, wenn ein Kellner mit Leidenschaft seine Spezialitäten anpreist. Wenn er gut ist, schafft er es nicht nur, die Neugierde der Gäste zu wecken, sondern auch, ihnen Mut zu machen, dass die Entscheidung für etwas Neues eine gute ist. Die Schule als Trainingsort für Haltung braucht ebenfalls solche Menschen, die soziale Neugierde wecken, einen sicheren Rahmen für neue Erfahrungen schaffen und solange dabei helfen, die soziale Komfortzone zu erweitern, bis die vorurteilsfreie

Neugier auf Neues zur gelebten Praxis, zur Haltung wird.

Gelegenheiten für Haltungserfahrungen sind wichtiger als Orte

Die Schule wird erst durch Lehrende, Bücher und Unterricht zum Lernort für Wissen. Viele Lehrerinnen und Lehrer nutzen ihren Unterricht auch, um ein offenes und respektvolles Miteinander in der Klasse zu fördern. Ob sie das tun und wie gut sie das tun, ist in der Regel dem Zufall überlassen, weil ihre Beurteilung nicht davon abhängt. Damit Schulen Lernorte für Haltung werden, müssten sie sich eine offene Haltung der Schülerschaft zum Ziel setzen und dieses Ziel konsequent verfolgen: beispielsweise indem sich eine Schule Werten verschreibt und diese im täglichen Miteinander lebt, indem Lehrende für den Umgang mit Haltung in der Aus- und Weiterbildung qualifiziert oder Sozialerfahrungen für eine respektvolle Haltung im Unterricht angeboten werden. Mit etwas Kreativität und Offenheit für Neues bieten Schulen sehr viele Gelegenheiten, um gute Erfahrungen mit einer offenen Haltung zu sammeln.

Die größte Hürde: Leben in Parallelwelten

Als Jugendforscher habe ich bereits mit vielen Schulen zusammengearbeitet und möchte hier von einer besonderen Projekterfahrung mit Schülerinnen und Schülern sowie Geflüchteten berichten. Ich durfte mit den Jugendlichen, die ganz unterschiedliche Hintergründe hatten, eine Befragung entwickeln und sie dann auf die Straße schicken, um Interviews durchzuführen. Das Besondere an dem Projekt war, dass die Teilnehmenden aus zwei Klassen stammten: einer regulären Schulklasse und einem Deutschkurs für Geflüchtete. Für die Interviews zogen jeweils zwei Schüler:innen und zwei Geflüchtete gemeinsam los, um mit Fremden in Kontakt zu treten und etwas über deren Lebens- oder Denkweise zu erfahren. Sie fragten auch nach Ideen, wie man sich für Geflüchtete engagieren könnte, und versuchten herauszufinden, was junge Menschen davon abhält, sich mehr einzubringen. Die häufigste Antwort war, dass sie keine Berührungspunkte zu Geflüchteten haben. Durch die Befragung haben wir Begegnungen geschaffen und das anonyme Miteinander durchbrochen. Einige der Befragten haben spontan den interviewenden Geflüchteten selbst Fragen gestellt, sie zum nächsten Fußballtraining eingeladen oder ihnen Unterstützung beim Deutschlernen angeboten.

Toleranz online – geht das?

In der Studie „Toleranz Online" habe ich für Google untersucht, wie soziale Netzwerke eine offene Haltung unter jugendlichen Nutzerinnen und Nutzern fördern können. Das Fazit der Studie war, dass Jugendliche für Haltung und respektvolles Verhalten im Netz mehr Sensibilisierung, mehr Medienkompetenz und mehr Vorbilder benötigen, und dass gute Freundschaften helfen, auch in sozialen Netzwerken eine starke Persönlichkeit zu zeigen. Der letzte Punkt ist besonders interessant, weil Haltung zu zeigen in sozialen Netzwerken häufig bedeutet, sich öffentlich in einer anonymen Masse angreifbar zu machen. Da hilft es zu wissen, dass man gute Freundinnen und Freunde hat, die zu einem stehen – im Real Life und online.

Wer kümmert sich in Zukunft um die Wertebildung?

Früher war die zentrale bildende Instanz für Werte und Moral die Kirche – mit der Sonntagspredigt, im Religionsunterricht und über ihren Einfluss auf die Gesellschaft. Ob sie diesen Auftrag gut erfüllt hat, ist hier nicht das Thema. Doch weil der Einfluss der Kirchen in Deutschland sinkt, muss sich die Gesellschaft eine wichtige Frage neu stellen: Wer übernimmt in Zukunft die Aufgabe der Wertebildung junger Menschen? Wir benötigen Menschen, die Jugendlichen helfen, durch Neugierde und Mut ihre soziale Komfortzone zu erweitern und sich eine offene Haltung anzueignen.

Ist sich die Politik bewusst, wie wichtig eine offene Haltung der Bürgerinnen und Bürger ist, um den Zusammenhalt zu fördern und den sozialen Frieden zu sichern? Aus meiner Sicht ist das eine der drängendsten Herausforderungen der nächsten Jahre. Eine Bitte hätte ich noch: Wenn Sie sich der Aufgabe annehmen, beteiligen Sie bitte junge Menschen, um sicherzustellen, dass die Formate Akzeptanz finden. Auch Beteiligung ist ein Ausdruck von Haltung. **X**

SIMON SCHNETZER

ist Jugendforscher und Speaker. Seit 2010 veröffentlicht er die Studie „Junge Deutsche". Im Sommer 2021 erschien eine Sonderausgabe „Jugend und Corona in Deutschland", die Schnetzer gemeinsam mit Klaus Hurrelmann erarbeitete.

GEMEINWOHL STATT PROFIT-MAXIMIERUNG

Gesellschaftliches Wohlergehen über kurzfristigen geschäftlichen Erfolg stellen – so lautet das Ziel der Gemeinwohl-Ökonomie. Das kann durchaus mit Wirtschaftlichkeit einhergehen, wie das Pharmaunternehmen Lilly und andere Firmen zeigen.

Dass die Gesundheit ein hohes Gut ist, ist nicht erst seit der Coronakrise weithin bekannt. Das Pharmaunternehmen Lilly Deutschland hat sich dem in besonderer Weise verschrieben: Nicht nur indem es Medikamente für schwerkranke Menschen entwickelt, um diesen ein besseres Leben zu ermöglichen – das tun andere Pharmafirmen schließlich auch. Vielmehr hat das Unternehmen den Anspruch, das menschlichste und kundenorientierteste Pharmaunternehmen überhaupt zu sein – und stellt deshalb das langfristige gesellschaftliche Wohlergehen über den kurzfristigen geschäftlichen Erfolg. „Die verschiedenen Säulen, auf denen diese Vision ruht – zum Beispiel Respekt, Arbeiten auf Augenhöhe oder Nachhaltigkeit – finden sich in unserer Gemeinwohlbilanz wieder", erklärt Oliver Stahl, der bei Lilly Deutschland den Bereich Corporate Affairs verantwortet.

Eine solche Gemeinwohlbilanz veröffentlicht das Unternehmen seit 2020. Denn Lilly Deutschland hat sich den Zielen der Gemeinwohl-Ökonomie verpflichtet. Dabei handelt es sich um eine Bewegung, die 2010 vom österreichischen Publizisten Christian Felber ins Leben gerufen wurde und zu grundsätzlichen gesellschaftlichen Veränderungen aufruft: mehr Gemeinschaft und Zusammenhalt, mehr Klima- und Umweltschutz, mehr Augenmerk auf das, was wirklich wichtig ist. Zentraler Baustein ist dabei eine andere Wirtschaft, die nicht Profit und Wachstum in den Mittelpunkt stellt, sondern eben das Wohlergehen aller.

Bei der Etablierung eines solchen Systems könnte auch die Coronakrise eine Rolle spielen: „Je länger die Pandemie andauert, umso stärker mehren sich die Stimmen, dass wir grundsätzliche Veränderungen in unserer Gesellschaft brauchen", erklärt Gitta Walchner, Mitherausgeberin des Buches „24 wahre Geschichten vom Tun und vom Lassen", dessen Autor:innen 24 Unternehmen und Organisationen vorstellen, die das Gemeinwohl schon jetzt ins ▸▸

× DAS LANGFRISTIGE WOHLERGEHEN STEHT ÜBER DEM KURZ- FRISTIGEN ERFOLG. ×

Zentrum ihres wirtschaftlichen Handelns stellen.

So wie Lilly. „Die Gemeinwohlbilanz war für uns ein logischer Schritt – auch, um transparent zu bleiben und der Versuchung zu widerstehen, Dinge schönzureden", erklärt Oliver Stahl. „In vielen Dimensionen können wir viel tun: Das reicht von der Mobilität bis hin zu nachhaltigen Werbematerialien und Druckprodukten." Die Bilanz sei dabei auch ein Messinstrument, um zu prüfen, wo man bei der Umsetzung der Vision stehe. Sie biete eine gute Möglichkeit, die Firmenvision Realität werden zu lassen, so Stahl.

Eine Voraussetzung für die Gemeinwohl-Ökonomie ist, Wohlstand nicht nur mithilfe des Wirtschaftswachstums abzubilden. „Wohlstand lässt sich auch darüber definieren, wie zufrieden die Menschen mit ihrem Leben sind", sagt Prof. Dr. Dennis J. Snower, Präsident des Thinktanks Global Solutions Initiative. Folglich müsse Wohlstand anders gemessen werden als bisher. Snower schlägt vor, neben dem Wirtschaftswachstum auch Faktoren wie den sozialen Zusammenhalt in der Gesellschaft, die gesellschaftliche Teilhabe sowie ökologische Aspekte einzubeziehen. „Nur wenn auch sozialer Zusammenhalt, Befähigung und der Umwelt- und Klimaschutz als menschliche Grundbedürfnisse mit einfließen in den Wohlstandsbegriff, können Wirtschaft und Gesellschaft gemeinsam krisenfest werden", betont Snower. Sozialer und materieller Wohlstand müssten miteinander gekoppelt werden.

Dieses Anliegen bewegt auch viele Unternehmer:innen, die sich sozial engagieren und auf diese Weise einen Teil ihres wirtschaftlichen Erfolgs an die Gesellschaft zurückgeben. Eine Möglichkeit dazu bieten etwa unternehmensverbundene Stiftungen. Diesen fließt ein Teil der Gewinne des Unternehmens zu, das Geld wird dann dem jeweiligen Stiftungszweck entsprechend für soziale und gesellschaftliche Anliegen ausgegeben. So haben etwa Eberhard Hinderer, Martin Litschel und Helmut Schelling, Gründer der auf Software für Automobilsteuergeräte spezialisierten Vector Informatik GmbH aus Stuttgart, im Jahr 2011 die Vector Stiftung ins Leben gerufen. Diese hält seither 60 Prozent der Anteile an dem Softwareunternehmen. Mit dem Stiftungsvermögen werden Projekte aus den Bereichen Forschung, Bildung und soziales Engagement unterstützt. „Die Stiftung ist Ausdruck der Dankbarkeit für den erzielten Erfolg", sagt Martin Litschel. „Der wichtigste Antrieb ist das Anliegen, gesellschaftliche Herausforderungen wirkungsvoll anzupacken."

Ökonomischer Erfolg und gesellschaftliches Engagement sind also keine Gegensätze – das betont auch Oliver Stahl von Lilly. „Es gibt keinen Gegensatz zwischen Gemeinwohl, wirtschaftlichem Erfolg und gewinnorientiertem Geschäftsmodell. An den Punkten, an denen wir als Teil eines internationalen Konzerns an unsere Grenzen kommen, versuchen wir, Impulse weiter in die globale Organisation zu geben." Wirtschaftlichkeit und Gemeinwohl-Ökonomie könnten zudem im Wettbewerb ein Differenzierungsmerkmal darstellen. Das gelte sowohl im Verhältnis zu Kund:innen und Geschäftspartner:innen als auch mit Blick auf die Gewinnung von Fachkräften. „Auch auf dem Arbeitsmarkt ist die Gemeinwohlbilanz ein klarer Wettbewerbsvorteil." Schließlich stünden soziale Standards, Nachhaltigkeit und faire Arbeitsbedingungen zunehmend im Fokus, so Stahl. „Für uns ist klar: Ein Unternehmen muss vernünftig mit der Umwelt, seinen Mitarbeitern und mit anderen Stakeholdern umgehen. Das schafft Vertrauen und Transparenz." **X**

DIE OPEN–SOURCE–BEWEGUNG

Die Open-Source-Bewegung setzt sich seit den 1980er-Jahren für einen freien Zugang zu Programmiercodes ein. Welche Motivation dahintersteckt und was die Vor- und Nachteile des Konzepts sind, erklärt Holger Koch. Er ist Vorsitzender des Arbeitskreises Open Source des Bundesverbands Informationswirtschaft, Telekommunikation und neue Medien (Bitkom) sowie IT-Fachmann bei der DB Systel GmbH, der IT-Tochter der Deutschen Bahn.

Was genau bedeutet „Open Source"?

Ganz knapp gesagt, geht es bei Open Source um vier Kernfreiheiten: den Quelltext zu sehen, zu verändern, zu verbreiten und zu nutzen. Und das alles weitgehend ohne Gebühren. Dabei muss man sich allerdings an gewisse Spielregeln halten. Jede Open-Source-Software steht unter einer Lizenz. Und je nachdem, welche Lizenz das ist, folgen daraus verschiedene Handlungsfelder. So muss beispielsweise jeder, der einen unter der GPL (General Public License) stehenden Quellcode verwendet, alle Änderungen oder Programmierungen ebenfalls unter der GPL veröffentlichen und frei zur Verfügung stellen. Kurz: Die Rechtsfolgen werden bei solchen „Copyleft"-Lizenzen vererbt. Dies gewährleistet, dass die gesamte Software, inklusive aller Änderungen und Erweiterungen, wieder unter der ursprünglichen Lizenz (inkl. Lizenztext) veröffentlicht werden muss und somit der Code auch wieder der Community zugutekommt.

Welche Motivation treibt Open-Source-Entwickler, ihre geistige Arbeit zu teilen?

Die Idee dahinter ist eine andere als bei der Entwicklung proprietärer Ware, also kommerzieller, per Copyright geschützter Software. Diese hat übrigens Bill Gates zu einem der reichsten Menschen dieses Planeten gemacht. Bei der Entwicklung von Open-Source-Programmen geht es um „Share to Grow". Durch die gemeinschaftliche Arbeit an Quellcodes können diese in einer Community von Programmierer:innen kontinuierlich ausgebaut und verbessert werden. Hier zählen vor allem gute Ideen und Innovationsgeist. Mit einer großen Community können Ziele erreicht werden, die alleine oder mit einer kleinen Gruppe undenkbar wären.

Ein wenig geht es trotz aller Gemeinschaftlichkeit dennoch auch um Ruhm und Anerkennung: Wer richtig guten Code veröffentlicht und engagiert ist, kann sich innerhalb der Community einen Namen machen – und auf attraktive Jobangebote hoffen.

3 Wie lange gibt es das Konzept von öffentlich zugänglichen Quellcodes schon?

Die Anfänge von freier Software gehen bis weit in die 1960er-Jahre zurück. Aber erst mit dem Internet und neuen Kommunikationsformen in den 1980er-Jahren schlossen sich Aktivisten, die Spaß daran hatten, in der Freizeit zum Programmieren zusammen und gründeten die ersten Open-Source-Projekte. Ein weiterer Treiber waren Universitäten. Viele Open-Source-Projekte sind aus ehemaligen Studienarbeiten entstanden, die zu gut waren, um in der Schublade zu verschwinden. Die Studierenden haben sie stattdessen veröffentlicht und so wurden sie zur Keimzelle für weitere große Communitys und Projekte. An einer Universität ist auch die wohl bekannteste Open-Source-Software „Linux" – heute Grundlage aller Android-Telefone und am häufigsten genutztes Serverbetriebssystem – entstanden: Der Initiator Linus Torvalds war damals Student und mit dem Betriebssystem Minix für seinen Rechner unzufrieden. Also begann er es zu verbessern und programmierte sich nach und nach sein eigenes Betriebssystem.

Ihren Siegeszug trat die Bewegung dann in den Nullerjahren an, und für nahezu jeden Aspekt von Software gibt es inzwischen ein oder mehrere Open-Source-Pendants. Seit ungefähr zehn Jahren erleben wir eine gewisse Professionalisierung der Szene, weil auch die Wirtschaft erkannt hat, welche Vorteile Open Source bieten kann.

Holger Koch beschäftigt sich seit Jahren mit dem Thema Open Source. Auch im Rahmen seiner Arbeit bei DB Systel fördert der Informatiker den Einsatz entsprechender Technologien.

4 Was sind die Vorteile gegenüber proprietärer Ware?

Allen voran die Kosteneffizienz. Gerade Start-ups, kleinere Firmen oder Non-Profit-Organisationen können sich proprietäre Betriebssysteme oder Programme oft nicht leisten, da die Lizenzkosten schnell in sechsstellige Bereiche steigen. Open-Source-Lösungen bieten da eine kostengünstigere Alternative. Ein weiterer Vorteil ist, dass Open-Source-Software beliebig angepasst und individualisiert werden kann, da der Quellcode offen ist und Veränderungen explizit gestattet sind. Statt Massenware können also hoch individualisierte Programme eingesetzt werden.

Außerdem sind Open-Source-Softwares in der Regel sehr sicher, da sie immer wieder von der Community auf Fehler und sicherheitsrelevante Problematiken überprüft werden und bei einer aktiven Community regelmäßig neue Versionen erscheinen.

5 Gibt es auch Nachteile?

Zu den großen Nachteilen zählt vor allem das Thema Compliance. Wer Open-Source-Software einsetzt, akzeptiert damit explizit die Lizenzbedingungen. Und die sind bindend. So ist ein Kriterium für die häufig genutzte Lizenz GPL, dass bei der Distribution der Software der Original-Lizenztext und jede Änderung mitgegeben werden müssen. Das klingt erstmal einfach, ist aber bei Geräten, die keinen Bildschirm haben, wie beispielsweise eine fernbedienbare Steckdose, sehr viel Kleingedrucktes. Doch auch bei digitaler Nutzung von Open-Source-basierter Software ist das Thema komplex. Beispielsweise weil mit Software-Containern gearbeitet wird, die selbstständig Programme und Bibliotheken herunterladen und installieren. Die Folge ist, dass irgendwann niemand mehr richtig weiß, was alles drinsteckt. Sollte so eine Urheberrechtsverletzung zur Anzeige kommen, kann das Gericht schon mal einen Vertriebsstopp verhängen und die Vergütung für eine entsprechende kommerzielle Lizenz festsetzen. Und das kann teuer werden. Um das auszuschließen, setzen immer mehr Firmen auf ein Open Source Program Office (OSPO), das den Überblick über alle Open-Source-Softwares behält und sich um die entsprechenden Compliance-Themen kümmert. ▸▸

Warum ist es für Organisationen und den Staat wichtig, sich mit Open Source zu beschäftigen?

Zum einen, weil es die Attraktivität von Arbeitgebern steigert. Mit zunehmender Relevanz von Open Source ist die Möglichkeit, Entwickler:innen die Arbeit daran anzubieten, ein Vorteil für Firmen im „War of Talents". Für viele Spezialist:innen ist das Angebot einer aktiven Unterstützung ihrer Programmiertätigkeit wichtiger als beispielsweise ein Dienstwagen oder ein höheres Gehalt. Einige Firmen setzen für gute Entwickler:innen mittlerweile sogar Sponsoring-Programme auf. Zweitens profitieren die Firmen auch inhaltlich davon. Sie können Entwicklungsressourcen sparen, erhalten perfekt auf sie zugeschnittene Softwarelösungen und bauen sich ganz nebenbei einen Ruf als innovativer Arbeitgeber auf. Dies gilt auch für Behörden. Eine proprietäre Ware, beispielsweise für eine Vergabe von Wunschnummernschildern, müsste jedes Amt einzeln entwickeln lassen und bezahlen. Schließt man sich aber zusammen und fördert mit Bundesmitteln Open-Source-Programme, kann man eine eigene Software entwickeln, die allen Ämtern zugutekommt und deutlich weniger kostet. Auch in der Privatwirtschaft gibt es viele Möglichkeiten solcher firmenübergreifenden Kooperationen. Da etwa 80 % aller Codes für Firmen nicht wettbewerbsrelevant sind, laufen die Unternehmen auch nicht Gefahr, durch die Förderung von Open-Source-Programmen wichtige Wettbewerbsvorteile zu verspielen.

Zu guter Letzt steht Deutschland bei der Weiterentwicklung von Technologien im Konkurrenzkampf zu anderen Staaten. Wir sind erst am Beginn der Digitalisierung, gleichzeitig gehen uns die Talente aus. Deswegen müssen wir mit den Talenten, die wir haben, so ressourcenschonend wie möglich umgehen. Open Source bietet dafür eine Möglichkeit, da eine kleine Gruppe von Entwickler:innen eine große Menge an Innovation hervorbringen kann. Auch über Unternehmens- und Behördengrenzen hinweg. Daher hat die Bundesregierung im Sommer 2021 in ihrem dritten Aktionsplan im Rahmen der Teilnahme an der internationalen Open Government Partnership das Thema Open Source mit auf die Agenda genommen.

Wie finanzieren sich Open-Source-Lösungen?

Eine Möglichkeit der Finanzierung sind sogenannte Software Foundations, die als gemeinnützige Organisationen frei zugängliche Software finanziell unterstützen. Zu den bekanntesten zählen die Apache Foundation und die Eclipse Foundation. Erstere unterstützt über 350 Projekte und betreibt eigene Inkubatoren zur Entwicklung neuer Software. Auch Direktspenden von User:innen sind gängig, ähnlich dem Modell von Wikipedia. Eine andere Möglichkeit ist das sogenannte Single-Vendor Open Source, bei dem ein Hersteller die Codes monetarisiert. Beispielsweise wird zwischen zwei Versionen der Software unterschieden: einer abgespeckten „Community Edition" und einer kostenpflichtigen „Professional Edition", die die Entwicklungen refinanziert.

Wo steckt überall Open-Source-Software drin?

Open-Source-Software steckt in vielen Dingen des alltäglichen Lebens, etwa in allen Android-Mobiltelefonen, in modernen Autos, Smartwatches, Fernsehern oder dem Webbrowser Mozilla Firefox. Vermutlich kommt jede:r Nutzer:in täglich mit Open-Source-Software in Berührung, ohne dies überhaupt zu wissen. Auch bei der Deutschen Bahn setzen wir vermehrt auf „Open". Beispielsweise wurde das „Open Source European Train Control System" (openETCS) maßgeblich von der DB initiiert und vorangetrieben. Auch streben wir weitere Open-Source-Projekte mit anderen europäischen Bahnen an. Beispielsweise im Bereich des barrierefreien Reisens oder der Überwachung der Schienenprofile. Darüber hinaus betreiben wir auch ein Open-Data-Portal für frei nutzbaren Datenbestand rund um Infrastruktur und Mobilität. **X**

3

FAZIT

VERANTWORTUNG Mit Verantwortung Haltung zu zeigen erfordert eine Kombination aus Idealismus und Realismus. Schmerzhafte Erfahrungen inklusive.

Recherchiert man zum Thema Verantwortung, so liest man oft von der Last oder der Lust damit. Oder auch von dem Mut, den es für die Übernahme von Verantwortung braucht. Nach Perspektiven und Engagement haben wir nun auf das Thema Verantwortung in Verbindung mit Haltung geschaut. Dieser Bereich scheint mir besonders kontrovers zu sein.

In Part 3 haben wir konkrete Beispiele von Verantwortung gesehen. Verantwortliches unternehmerisches Handeln bedeutet beispielsweise, menschenverachtenden Ideologien laut zu widersprechen. Verantwortung zeigt sich auch, wenn der menschliche Gewinn, nicht der monetäre, als wichtig betrachtet wird und wenn der ökonomische Gewinn als Folge, aber nicht als Zweck des Handelns verstanden wird. Damit einher geht in vielen Fällen, das langfristige Wohlergehen über den kurzfristigen Erfolg zu stellen. Der Staat und die Zivilgesellschaft sind gefordert, sich mit der Frage auseinanderzusetzen, wie eine Verbindung aus Wirtschaft, Nachhaltigkeit und Gemeinwohl-Ökonomie gelingen kann.

Eine Rolle spielt dabei auch, welche neuen Formen von Verantwortung es geben kann. Inspirierend fand ich etwa den Ansatz der Open Source Community, bei dem Ziele in Gemeinschaftsarbeit erreicht werden und „Share to grow" die Motivation für das Teilen geistiger Arbeit ist. Zur Verantwortung gehört auch, beispielsweise in Schulen das Thema Wertebildung frühzeitig anzulegen und Gelegenheiten für Werteerfahrungen zu bieten. Hier ist Beteiligung ein Ausdruck von Haltung.

Die Philosophin Ina Schmidt schreibt in ihrem Buch „Die Kraft der Verantwortung", ein verantwortungsvolles Handeln, das Auswirkungen im Hier und Jetzt hat, falle leichter als eines, das auf die ferne Zukunft gerichtet ist. Wenn Verantwortung uns jedoch zu wohlwollender Sorge führe, könne Zukunft gelingen. Meine Erkenntnis aus diesem Part ist: Mit Verantwortung Haltung zu zeigen erfordert eine Kombination aus Idealismus und Realismus. Dazu gehören auch Erkenntnisse aus schmerzhaften Erfahrungen. Ein Satz, der in mir nachklingen wird, lautet: „Reine Weltrettungsphilosophie reicht nicht für tragfähige Strukturen." Es geht also darum, beides im Blick zu haben: die Herausforderungen im Hier und Jetzt und die Auswirkungen auf die Zukunft. Gefragt ist Ambidextrie. **X**

MARTIN SEILER
Herausgeber

HALT

UNG

BRAUCHT
BEGEGNUNG

BUNTER HIMMEL FÜR BERLIN

Der „Kreuzberger Himmel" ist mehr als ein Restaurant. Er ist Begegnungsstätte, Möglichmacher, Zukunftsbringer und Gaststätte in einem.

Fotos: Clemens Porikys

Küchenchefin Layale aus dem Irak (l.) und ihre Mitarbeiterin Siham aus dem Libanon bereiten in der Küche des „Kreuzberger Himmels" die Speisen zu.

Zutritt nur für Mitarbeiter !

01 02
03 04

itte sehr, ein Pfefferminztee mit Eis." Kamosh stellt den Becher mit frischen Minzstängeln und Eiswasser auf den Tisch des „Kreuzberger Himmels". Geschäftsführer Andreas Tölke wirft einen prüfenden Blick auf das Glas und nickt dann. Er ist zufrieden mit dem jungen afghanischen Kellner. „Kalte Getränke werden im Glas serviert, heiße im Becher", erklärt Tölke seine fast väterliche Strenge, „das hat er hier gelernt." Kamosh hat gerade seine Ausbildung zur Fachkraft in der Gastronomie erfolgreich beendet. Er ist einer von 19 Geflüchteten, die Tölke in den vergangenen vier Jahren in Ausbildung gebracht hat.

Der „Kreuzberger Himmel" ist mehr als ein Restaurant. Er ist Begegnungsstätte, Möglichmacher, Zukunftsbringer und Gaststätte in einem. Beheimatet in einem Seitengebäude der backsteinernen Bonifatius-Kirche in Berlin-Kreuzberg, arbeiten hier ausschließlich geflüchtete Menschen. „Unsere Mitarbeitenden kommen zurzeit aus zehn Ländern", erzählt Andreas Tölke, der das Restaurantprojekt 2018 ins Leben rief. Die Idee war so etwas wie ein Geniestreich und ein konsequenter Schritt auf Tölkes Lebensreise. In seinem ersten Leben, so muss man es wohl sagen, war Andreas Tölke Lifestylejournalist.

Immer unterwegs, um die exklusivsten Orte auf der Welt zu erkunden. Luxusotels, Sternerestaurants, First-Class-Flüge, Limousinenservice – in der Welt, von der Tölke berichtete, gab es kein Elend, keinen Krieg und keinen Hunger. Dann kam im Herbst 2015 die „Flüchtlingskrise", und vor dem Landesamt für Gesundheit und Soziales* in Berlin schliefen Menschen auf der Straße, die nicht wussten, wo sie bleiben sollten, bis sich die Behörde am Morgen wieder den langen Menschenschlangen öffnete. Tölke bot einigen von ihnen Obdach in seiner Wohnung an. Dann einigen mehr. Über die Monate und Jahre hatte er mehr als 400 zeitweilige Mitbewohner:innen. Er kämpfte sich mit ihnen durch den Behördendschungel, füllte Asylanträge aus. Irgendwann wurde das Projekt so groß, dass Tölke mit dem Verein „Be an Angel e. V." ein Hilfsnetzwerk aktivierte, um die Unterstützung zu professionalisieren. Aus dem Lifestyle-Journalisten war ein Flucht- und Integrationsexperte geworden.

SCHNELLE HILFE Als das Restaurant im Corona-Winter schließen musste, kochte die Crew kurzerhand für Obdachlose.

Nach seinem Antrieb gefragt, erzählt Tölke von seiner jüdischen Großmutter, die von den Nazis deportiert und ermordet wurde, und von seiner Mutter, die die Shoa nur knapp überleben konnte. „Wenn ihr niemand geholfen hätte, gäbe es mich heute nicht." Fremdheit ▸▸

*heute: Landesamt für Flüchtlingsangelegenheiten

01 Basamba aus Ghana **02** Das Interieur besticht durch fantasievolle Details **03** Blick auf die Berliner Yorkstraße **04** Jawed Rahmani hat seine Ausbildung im „Himmel" erfolgreich beendet

und Ausgrenzung sind in seiner Familiengeschichte fest verschrieben. Er konnte einfach nicht nichts tun, damals im Herbst 2015.

Nun ist Sommer 2021 und die Terrasse vor dem „Kreuzberger Himmel" ist voll besetzt. „Wir haben heute 90 Reservierungen!", freut sich der Restaurantchef. Im Inneren lockt die Gaststätte mit kunstvollem Design und wechselnden Ausstellungen, doch an diesem Sommerabend zieht es die Bewohner:innen aus dem schicken, nahen Bergmannkiez auf die Sonnenplätze vor der Tür. Drei Moderedakteurinnen trinken libanesischen Weißwein, ein junges Paar isst Mezze, eine Gruppe von Freund:innen bekommt von Kellner Basamba alles serviert, was die Küche so hergibt. Die Speisekarte offeriert arabische Köstlichkeiten wie Hummus, Baba Ganoush, Tabouleh-Salat oder Kibbeh-Bällchen. Seit den erfolgreichen Kochbüchern von

HIMMLISCHES TEAM Oben (v. l.): Co-Geschäftsführer Bakri Kamurgi aus Syrien, Jawed aus Afghanistan, Marynaja aus Syrien, Chanthy aus Kambodscha, Basamba aus Ghana. Unten: Kamosh aus Afghanistan, Küchenchefin Layale und Geschäftsführer Andreas Tölke

Yotam Ottolenghi ist die levantinische Küche bei Großstadthipstern beliebt – hier gibt es sie im Original.

Küchenchefin Layale ist eine Frau vom Fach: Sie hatte einen gut gehenden Cateringservice in Damaskus, bevor der Krieg sie zur Flucht zwang. Gemeinsam mit Co-Geschäftsführer Bakri Kamurgi, einem Unternehmer und Rechtsanwalt aus dem heute völlig zerstörten Aleppo, bildet sie das syrische Herz des Restaurants. Layale wirbelt in der Küche und füllt Teller um Teller mit den Spezialitäten des Hauses, Basamba und Kamosh servieren sie gemeinsam mit Chanthy und Jawed an den voll besetzte Tischen. Das sah vor einigen Monaten noch anders aus. Die Coronakrise zwang den „Himmel", seine Pforten zu schließen. Tölke saß auf 33.000 Euro monatlichen Fixkosten und musste sich etwas überlegen. Kündigen war keine Option. Viele seiner Mitarbeitenden hätten mit dem Ausbildungsplatz auch ihre Aufenthaltstitel und damit jegliche Perspektive verloren. Küchenchefin Layale kam auf die rettende Idee. Ihr fiel auf, dass es Obdachlose im Lockdown noch schwerer hatten als sonst. „Leute verhungern, wir müssen etwas tun", mahnte sie. Das Team bot an, Essen für Obdachlose zuzubereiten. Im kalten Winter 2020/21 kam den Hilfsorganisationen jede Mahlzeit recht. Und so stellte sich die himmlische Crew an die Töpfe, schmierte Brote, verpackte, lieferte

01 Auf der Speisekarte stehen arabische Köstlichkeiten **02** Vorne kunterbunt, hinten katholisch: Das Restaurant befindet sich in einem Seitengebäude der St. Bonifatius-Kirche **03** Restauranthund Herr Müller begrüßt die Gäste **04** Kreuzberger Flair auf der Terrasse

01 | 02
03 | 04

aus – unterstützt vom Berliner Senat, der ab Dezember im Rahmen der Kältehilfe für die Löhne der Mitarbeitenden aufkam. „Über 80.000 Mahlzeiten haben wir bis Ende März verteilt", erzählt Tölke. Das Restaurant konnte alle Mitarbeitenden halten. Und die waren glücklich, nach der vielen Unterstützung, die sie erfahren haben, etwas an die Gesellschaft zurückgeben zu können.

EIN ORT FÜR LOCKERE BEGEGNUNGEN

Seit Mai 2021 darf das Restaurant endlich wieder Gäste empfangen. Pfarrer Oliver Cornelius aus der katholischen Bonifatius-Kirche nebenan kommt auf einen Espresso vorbei. Er ist Stammgast in dem Restaurant. 2017 hatte ein Mitglied seines Gemeinderats „Be an Angel e. V." den Tipp gegeben, dass die Gastrofläche im Kirchenbau einen neuen Betreiber sucht. Der kleine Verein hatte eine Außenseiterposition im Bewerberfeld, trotzdem erhielt er den Zuschlag. Denn das Konzept stimmte: Der „Kreuzberger Himmel" ist als Ort gedacht, an dem sich Anwohner:innen, Tourist:innen und Geflüchtete ohne ideologischen Überbau ganz locker begegnen können. Zudem ermöglicht das Ausbildungsangebot Menschen, die nach Einschätzung der Experten von „Be an Angel e. V." ungerechtfertigter Weise ein wackeliges Asylverfahren haben, für die Dauer des Verfahrens einen Aufenthaltstitel. Und auch die so schlichten wie wichtigen Gebote des „Himmels" überzeugten den Kirchenvorstand: Keine Gewalt. Und keine Diskriminierung, gegen wen auch immer.

Im Zusammentreffen von internationalen Angestellten und einer diversen Gästeschar ist dies nicht immer ein Selbstläufer. Religion, sexuelle Orientierung und Gleichberechti-

gung sind Themen, die immer wieder Reibung erzeugen. Andreas Tölke setzt im Dialog mit seinem Team auf liebevolle Konfrontation. Ob es Vorbehalte gegenüber Juden sind, Unbehagen im Umgang mit Homosexuellen oder Machogehabe, Tölke fragt nach: Warum denkst Du das? Weshalb machst Du das? Und bietet eine alternative Sicht an. Immer auf Augenhöhe, nie bekehrend. Seine wichtigste Waffe im Kampf gegen Vorurteile ist der Perspektivwechsel. Und der wirkt. „Das Entscheidende ist, zuzuhören, ohne selbst ein Bild im Kopf zu haben. Und aus dem, was man verstanden hat, Fragen zu formulieren", erklärt er, und er räumt ein, dass dies auch für ihn selbst ein Lernprozess war. „Zu Beginn waren Geflüchtete für mich eine homogene Gruppe. Ich musste erst lernen, dass es ganz unterschiedliche kulturell bedingte Sozialisationen gibt."

ANERKENNUNG STATT MITLEID

Auch für die Gäste ist die Begegnung mit den geflüchteten Menschen wertvoll. Zu Beginn seien viele Leute einfach aus Neugier gekommen, sagt Tölke. „Um dann zu merken, dass Anerkennung besser passt als Mitleid." Andere erfahren erst durch den erklärenden Text auf der Speisekarte, dass es sich bei dem Restaurant auch um ein Integrationsprojekt handelt. Die Reaktionen darauf sind durchweg positiv. „Nur einmal standen Gäste wieder auf und sagten: ‚Von solchen Leuten lassen wir uns nicht bedienen'", erzählt er. „Aber das war nicht schlimm. Denn solche Leute wollen wir wiederum nicht bedienen." Müssen sie im „Kreuzberger Himmel" auch nicht. Es gibt schließlich genug Menschen, die diesen einzigartigen Platz schätzen. Als Ort für Begegnungen – und vor allem als richtig gutes Restaurant. **x**

DAS ENT-
SCHEIDENDE
IST, ZUZU-
HÖREN, OHNE
SELBST
EIN BILD
IM KOPF ZU
HABEN.

Andreas Tölke

Illustration: Tim Weiffenbach

DEN EIGENEN

WERT

ERKENNEN

Wie das Netzwerk Chancen
jungen Menschen ohne Vitamin B
zum beruflichen Erfolg verhilft,
erklärt Gründerin
Natalya Nepomnyashcha im Interview.

An wen richtet sich das Netzwerk Chancen?

Wir bieten ein ideelles Förderprogramm für soziale Aufsteiger:innen zwischen 18 und 39 Jahren. Wir haben uns sehr bewusst für eine relativ große Altersspanne entschieden, weil gerade soziale Aufsteiger:innen oft auf dem zweiten oder dritten Bildungsweg studieren und dementsprechend spät in den Beruf einsteigen. Nicht alle unsere Mitglieder wählen einen akademischen Weg, deshalb war es uns wichtig, sie nicht nur in der Ausbildung oder im Studium zu fördern, sondern auch in den ersten Berufsjahren. Auch dabei gibt es Diskriminierungen und Benachteiligungen aufgrund von sozialer Herkunft, mit denen sie konfrontiert werden.

Wie kann man an Ihrem Förderprogramm teilnehmen?

Uns war es bei der Konzeption des Programms wichtig, dass es niedrigschwellig ist. Denn es gibt bereits sehr viele elitäre Programme, die sehr gut sind, an denen jedoch hauptsächlich jene teilnehmen, die schon in der Schule oder spätestens im Studium gefördert wurden. Solche Überflieger wissen bereits, wie man Bewerbungsschreiben formuliert, und trauen sich, Referenzschreiben anzufragen. Mir war wichtig, diejenigen anzusprechen, die diese Skills noch nicht erlernt haben, deshalb ist das alles bei uns nicht nötig. Die Bewerber:innen müssen lediglich ein Formular auf unserer Homepage ausfüllen mit ihrem Geburtsjahr, Angaben zu ihrer sozialen Herkunft und ein paar wenigen Sätzen zur Motivation. Wenn das zu unserem Programm passt, sind sie automatisch dabei. Die einzige Hürde ist tatsächlich die Altersbegrenzung. Diese Grenze müssen wir ziehen, um eine gewisse Homogenität in der Gruppe herzustellen, und weil unsere Angebote doch eher auf jüngere Leute zugeschnitten sind.

Wie viele Menschen machen derzeit bei dem Programm mit?

Derzeit sind es 1.200 junge Menschen aus ganz Deutschland, die entweder aus finanzschwachen und/oder nicht akademischen Familien kommen. Viele, aber nicht alle, sind in Armut aufgewachsen. Im Schnitt sind sie 28 Jahre alt, knapp 90 Prozent sind Akademiker:innen. Das war nie unser erklärtes Ziel, es hat sich vielmehr so ergeben, da im ehrenamtlichen Team fast alle Akademiker:innen sind und sich unter unseren Multiplikator:innen viele Stiftungen und Vereine befinden, die sich mit Akademiker:innen befassen. Aber wir unterstützen genauso junge Menschen, die mit 25 versuchen, ihr Abitur nachzuholen, oder solche, die eine Ausbildung machen und noch nie Teil von etwas Elitärem waren.

Was genau bietet Ihr Förderprogramm an Unterstützungsmöglichkeiten?

Unsere Angebote funktionieren nach einem Baukastensystem, aus dem sich jede:r Teilnehmer:in aussuchen kann, was gerade hilfreich ist. Unterteilt sind sie in sechs unterschiedliche Angebotstypen. Der erste Angebotstyp sind Workshops, beispielsweise zu Themen wie Rhetorik, Personal Branding, Networking, Karriereplanung – also Soft Skills, die gerade sozialen Aufsteiger:innen fehlen. Zusätzlich bieten wir auch Workshops zu Hard Skills, wie zum Beispiel dem Umgang mit Office-Programmen. Der zweite Angebotstyp sind Einzel-Coachings. Die erfreuen sich wahnsinniger Beliebtheit. Wir haben einen Pool an Coaches und Trainer:innen, die pro bono Coachings zu ganz unterschiedlichen Themen anbieten, wie zum Beispiel „Eigene Stärken erkennen" oder Bewerbungstraining. Ein weiteres Angebot heißt „Einstieg ins" und bietet Einblicke in verschiedene Branchen. Wir laden Arbeitgeber:innen und Recruiter:innen ein, damit unsere Mitglieder in direkten Kontakt ▸▸

mit ihnen kommen können. Es ist kein Geheimnis, dass sehr viele Jobs über Vitamin B vergeben werden – da sind soziale Aufsteiger:innen klar im Nachteil. Ich selbst komme aus einer Hartz-IV-Familie, meine Eltern kennen absolut niemanden mit Einfluss. Weiterhin bieten wir sogenannte Inspirational Talks, zu denen wir berühmte Aufsteiger:innen einladen, die von ihrem Werdegang erzählen, Tipps geben und für Fragen zur Verfügung stehen. Natürlich bieten wir auch Netzwerk-Veranstaltungen und Stammtische zu verschiedensten Themen an. Recht neu ist der letzte Baustein, unser Tandem-Programm: Hier treffen Berufseinsteiger:innen und erfahrene Berufstätige aufeinander und tauschen sich aus. Wir haben es bewusst „Tandem"- und nicht „Mentoring"-Programm genannt, da wir eine Begegnung auf Augenhöhe ermöglichen wollen. Wir glauben, dass auch unsere Aufsteiger:innen sehr viel an Inspiration und neuen Perspektiven vermitteln können. Von dem Programm profitieren beide Seiten.

Was können erfahrene Führungskräfte von jungen Aufsteiger:innen lernen?
Je nachdem, wie groß der Altersunterschied ist, erfahren sie zum Beispiel etwas über neue Arbeitsformen oder digitale Trends. Vor allem aber schult es die emotionale Intelligenz und die Fähigkeit, mit Diversität umzugehen und darin etwas Wertvolles zu sehen. Die jungen Aufsteiger:innen drücken sich vielleicht anders aus, haben andere Qualitäten, andere Wertevorstellungen und gehen das Leben ganz anders an. Das birgt enorm viel Chancen – auch für eine zukünftige Zusammenarbeit. Kürzlich hat ein Tandem-Paar zusammen ein Start-up gegründet. Das ist eine faszinierende Erfolgsgeschichte.

Welche für Organisationen interessante Qualitäten besitzen soziale Aufsteiger:innen?
Sie sind in der Regel frustrationstolerant, weil sie gelernt haben, mit Rückschlägen umzugehen. Sie sind empathisch, weil sie mit ganz unterschiedlichen Leuten zu tun haben – im Elternhaus sind Sprache und Lebensrealität oft völlig anders als im beruflichen Umfeld. Und sie verhalten sich lösungsorientiert, da ihr Lebensweg in der Regel nicht vorgezeichnet war und sie sich jeden Schritt erobern und jedes Hindernis eigenständig meistern mussten.

Das sind alles wertvolle Skills. Sehen das auch die Recruitment Manager:innen so?
Den sozialen Aufsteiger:innen geht es da leider wie allen anderen benachteiligten Bevölkerungsgruppen: Da häufig nach dem

DEN SOZIALEN AUFSTEIGER:INNEN

ANDEREN DIVERSEN GRUPPEN: DA

PRINZIP EINGESTELLT WIRD

Ähnlichkeitsprinzip eingestellt wird, fallen sie durchs Raster. Wir bieten daher Workshops und Trainings an, in denen Hiring Manager ihren Unconcious Biases begegnen können. Wir beraten Firmen, wie sie sozial diverser werden können, wie sie mehr soziale Aufsteiger:innen rekrutieren können, wie sie sie integrieren und auch fördern können. Deren Anreize sind nämlich oft andere als die von Bewerber:innen aus der Mittelschicht: Soziale Aufsteiger:innen haben einen starken Verbesserungsdrang, weil sie immer eine Schippe mehr drauflegen müssen als privilegierte Menschen. Da sind Angebote für Fortbildungen oder ein nebenberufliches Studium attraktiver als beispielsweise die Möglichkeit zu einem Sabbatical.

Die soziale Herkunft wird noch nicht lange als Diversitätsdimension mitgedacht. Warum ist das so und was bedeutet das für die Menschen, die sie fördern?
Als wir 2018 gestartet sind, gab es kaum Interesse an dem Thema soziale Herkunft. Die Firmen hatten gerade erst das Thema Gender für sich entdeckt und fragten immer, ob wir auch Frauen haben. Dabei kann durchaus auch ein Thomas Müller Diversity verkörpern, wenn er in Berlin-Marzahn bei einer alleinerziehenden Mama mit Hartz IV aufgewachsen ist. Wir haben lange dafür gekämpft, dass soziale Herkunft als Diversity-Faktor anerkannt wird und auch von dem Faktor der Migrationsgeschichte abgegrenzt wird. Denn Migrationsgeschichte ist nicht immer auch gleichzusetzen mit niedriger sozialer Schicht. Umgekehrt gibt es viele Menschen ohne Migrationshintergrund, die alles andere als privilegiert sind. Insbesondere junge Männer, die aus nicht privilegierten Verhältnissen kommen, bekamen bislang überhaupt keine Unterstützung, weil sie durch alle Raster gefallen sind. Sie fühlen sich oft, als seien sie nichts wert. Wir achten sehr drauf, allen unseren Mitgliedern das Gefühl zu geben, dass sie wertvoll sind und einen sehr guten Job für sich finden können, der zu ihren Fähigkeiten passt. Für viele ist das schwierig anzunehmen, da sie immer vermittelt bekommen haben, dass sie nichts wert sind. Wenn man auf eine Hauptschule gesteckt wurde mit den Worten „Aus dir wird eh nichts", dann dauert es natürlich umso länger, bis man an sich glaubt. Ich freue mich immer, wenn uns Leute erzählen, dass sie wegen der Unterstützung, die sie bei uns erfahren haben, befördert wurden, weil sie sich getraut haben, nach einer Gehaltserhöhung oder neuen Aufgabenbereichen zu fragen. **X**

GEHT ES DA LEIDER WIE ALLEN HÄUFIG NACH DEM ÄHNLICHKEITS- FALLEN SIE DURCHS RASTER.

Liana (l.) und Minnusha (r.) nehmen an der SCORING GIRLS*-Ausbildung teil, die Tuğba Tekkal gemeinsam mit der Deutschen Bahn auf die Beine gestellt hat.

STARK GEMACHT!

WIE DIE DEUTSCHE BAHN MITARBEITENDE

(und solche, die es noch werden könnten,) darin
unterstützt, ihre Kompetenzen zu stärken und
sich für andere einzusetzen.

Stefan Herfurth

Djibril Zongo und Anke Lindner

Fotos: Clemens Porikys
Illustration: Claudia Klein

uf dem Rasen vor dem Bahntower kickt Tuğba Tekkal gekonnt einen Ball in Richtung ihrer Schützlinge. Liana und Minnusha nehmen ihn lachend an. Die zwei sind Teil der SCORING GIRLS*, eines Projektes, das Profifußballerin Tekkal 2016 ins Leben rief. „Wir unterstützen Mädchen mit und ohne Fluchterfahrung durch wöchentliche Fußball- und Bildungsangebote darin, jene Kompetenzen zu stärken, die sie für eine selbstbestimmte Teilhabe an der Gesellschaft benötigen", erklärt das lockenköpfige Energiebündel. Die Idee dazu kam Tekkal durch ihre eigene Biografie: „Es war für mich nicht einfach, meine Eltern zu überzeugen, dass es okay ist, als Mädchen Fußball zu spielen. Meine SCORING GIRLS* sollen es einfacher haben. Ich bin nicht nur Trainerin und Vorbild, sondern vor allem Vermittlerin zwischen Kind und Eltern, denn als Kind jesidisch-kurdischer Flüchtlinge kenne ich die Sorgen, die es mit sich bringt, in zwei Kulturkreisen zu Hause zu sein: ‚Was ist, wenn sie unsere Sprache vergisst? Wenn sie vergisst, wo sie herkommt und am Ende nicht mehr unserer Kultur, sondern nur noch der deutschen Gesellschaft angehört?‘ Die Angst kann ich den Eltern nehmen, denn auch ich bin in Deutschland geboren und aufgewachsen und habe nie vergessen, wo meine Eltern herkamen."

DIE SCORING GIRLS*-AUSBILDUNG

Seit 2020 kooperiert SCORING GIRLS* mit der Deutschen Bahn. Gemeinsam hat man ein Empowerment- und Berufsorientierungsprogramm auf die Beine gestellt, das praktische Unterstützung bei Bewerbungsverfahren anbietet sowie mit starken Frauenvorbildern und Einblicken in das Berufsspektrum der Bahn Mädchen und junge Frauen ermutigen möchte: „Wir wollen ihnen die Möglichkeit geben, neue Zukunftsperspektiven in Betracht zu ziehen und Wege einzuschlagen, die sie sich ohne dieses Projekt vielleicht nicht zugetraut hätten. Unser Ziel ist es, damit die Chancengerechtigkeit in Bildung und Wirtschaft weiter voranzutreiben", erklärt Tuğba Tekkal.

Für die 27-Jährige Liana ist SCORING GIRLS* eine wichtige Stütze: „Bei Fragen – egal ob es die Ausbildung oder private Angelegenheiten betrifft – kann ich immer auf das Team zukommen. Ich vertraue den Menschen im Projekt. Sie wollen nur das Beste für uns. In den unterschiedlichen Workshops habe ich viel gelernt. Darüber hinaus macht es mir einfach Spaß, mich mit den anderen Frauen zu treffen und sich auszutauschen." Liana, die aus Russland stammt, ist verheiratet und hat zwei Kinder. Ihre

SCORING GIRLS*-AUSBILDUNG

Das Berufsorientierungsprojekt verhilft Mädchen und Frauen aus sozial benachteiligten Familien mit und ohne Zuwanderungsgeschichte zu einem Einblick in unterschiedlichste (auch technische) Ausbildungsberufe bei der Bahn, flankiert von Workshops, die auf den Berufseinstieg vorbereiten sollen, sowie praktischer Hilfe bei Bewerbungen. Durch die Einbindung starker weiblicher Vorbilder sollen die Mädchen ermutigt werden, eine breitere Perspektive für ihre persönliche Zukunft zu erlangen.

Leidenschaft gilt dem armenischen Volkstanz, den sie in ihrer Freizeit tanzt und lehrt. Gleichzeitig macht sie eine Ausbildung zur Bürokauffrau: „Ich möchte meinen Kindern eine gute Zukunft ermöglichen. Eine Ausbildung, die es mir erlaubt, unser Leben zu finanzieren, ist die grundlegende Voraussetzung dafür."

Minnusha ist zehn Jahre jünger und hat gerade die Schule beendet. Sie spielt leidenschaftlich gerne Basketball und sucht derzeit nach einem Ausbildungsplatz. „Ich möchte einen Beruf erlernen, in dem ich viel in Kontakt mit anderen Menschen bin und diese beraten und betreuen kann. Mein Wunsch ist es, in einem netten Team zu arbeiten und mich immer weiterzuentwickeln", erzählt die gebürtige Berlinerin. Bei der SCORING GIRLS*-Ausbildung bekommt sie Einblicke in verschiedene Ausbildungsberufe, die die Bahn anbietet, und kann mit weiblichen Role Models sprechen, um sich ein Bild davon zu machen, was ihr Wunsch konkret bedeuten könnte. Außerdem warten auf Minnusha und die weiteren Teilnehmerinnen des Programms Workshops und Einzeltrainings, etwa solche, in denen sie auf Vorstellungs-

Die ehemalige Profifußballerin Tuğba Tekkal gründete die SCORING GIRLS*, ein Empowerment-Programm für Mädchen zwischen 9 und 18 Jahren. Die von der Deutschen Bahn unterstützte SCORING GIRLS*-Ausbildung schließt daran an (siehe Kasten links).

gespräche vorbereitet werden oder lernen, Bewerbungsschreiben zu verfassen. Vielleicht wird dann auch bald Minnushas zweiter großer Wunsch Wirklichkeit: eine eigene Wohnung zu haben und ihr Leben eigenständig gestalten zu können.   X

DAS SUKI-LOTSENPROGRAMM
Djibril Zongo hat bereits erreicht, was sich Minnusha wünscht: Er hat einen Job, der ihm Freude bereitet, und endlich auch eine eigene kleine Wohnung. Doch nun brechen herausfordernde Zeiten für den Bahnmitarbeiter an: In Zongos Asylverfahren ist sehr plötzlich ein negatives   ▸▸

Starkes Team: Djibril Zongo und Anke Lindner haben sich über das SUKI-Programm der Bahn kennengelernt und können viel voneinander lernen.

Urteil gefällt worden. Dem Ivorer droht die Abschiebung. Anke Lindner unterstützt ihn in dieser schwierigen Situation. Lindner arbeitet als Datenexpertin in der Geoinformationsabteilung der DB Fahrwegdienste GmbH. Und sie engagiert sich als Soziallotsin von Djibril Zongo im Rahmen des SUKI-Programmes. SUKI steht für „Soziale und kulturelle Integration" und ist ein Gemeinschaftsprojekt der Bahn und der Eisenbahn- und Verkehrsgewerkschaft (EVG), angesiedelt bei der Stiftungsfamilie BSW & EWH. Es erleichtert Mitarbeitenden mit Fluchtoder Migrationsgeschichte den Einstieg in das Unternehmen. Das Projektteam berät und unterstützt bei der Überwindung sozialer und kultureller Hürden, ehrenamtliche Lots:innen begleiten dabei die neuen Mitarbeitenden und helfen ihnen, sich im Alltag und an ihrem neuen Arbeitsplatz zu orientieren.

Als Anke Lindner von dem Projekt hörte, war ihr sofort klar, dass sie gerne mitmachen möchte: „Ich verspürte schon lange den Wunsch, in meiner Freizeit etwas für die Allgemeinheit zu tun. Seit mein Sohn aus dem Haus ist, habe ich auch die Zeit dafür. Da kam der Aufruf genau richtig." Nach einem telefonischen Kennenlernen und einem Workshop zur interkulturellen Sensibilisierung bekam sie vom Projektteam schon bald die Anfrage, einen der neuen Kollegen zu unterstützen. Djibril Zongo arbeitet genau wie Lindner beim Fahrwegdienst. Als Fahrwegpfleger beschneidet er Bäume und mäht Gras entlang der Bahnstrecke, um die Gleise freizuhalten. Lindner wurde gebeten, ihn bei der Wohnungssuche zu unterstützen. „Im Wohnheim war es so laut, dass ich nicht schlafen konnte", erinnert sich Zongo. „Nun habe ich eine Wohnung für mich allein. Dabei hat mir Anke geholfen. Sie unterstützt mich bei vielen Dingen. Wenn ich einen Brief nicht verstehe, erklärt sie ihn mir. Sie lernt mit mir für die Deutschprüfung. Und sie geht mit mir zur Rechtsberatung." Für Zongo sind das Projekt SUKI und seine Lotsin ein Anker in diesen stürmischen Zeiten.

Aber auch Anke Lindner zieht viel aus der Tandempartnerschaft. „Durch die Zusammenarbeit mit Djibril lerne ich ganz neue Blickwinkel kennen. Mir war nicht klar, mit wie vielen Problemen ein Geflüchteter zu kämpfen hat, der doch eigentlich sehr viel Glück hatte und eine ‚ordentliche Arbeit' gefunden hat. Außerdem wurde mir bewusst, wie schwer es ist, in Berlin eine bezahlbare Wohnung zu finden – trotz Vergünstigungen durch das Projekt DB Wohnen. Und natürlich reden wir viel über das Leben in Burkina Faso und Elfenbeinküste. Zongo besaß in seiner Heimat eine Kakao- und Kautschukplantage und hat viel Wissen über die Pflanzenzucht allgemein. Daher konnte er mir schon Tipps für das Beschneiden von Obstbäumen in meinem Garten geben." Zurzeit ist allerdings Zongos Zukunft das Hauptgesprächsthema: „Wir treffen uns seit einer Woche täglich, um Deutsch zu üben und den zertifizierten A2-Deutsch-Test vorzubereiten", erzählt Anke Lindner.

In allen Rechtsfragen ist das Projekt SUKI erste Anlaufstelle und berät die betroffenen Kolleg:innen. Aber auch Anke Lindner selbst engagiert sich und berichtet: „Hinzu kommen Telefonate mit Rechtsanwält:innen und Berater:innen in Flüchtlingsfragen. Unser Ziel ist, einen Antrag auf Beschäftigungsduldung zu stellen, bevor das Urteil rechtskräftig wird – in der Hoffnung, dass wir den Kampf gegen die Zeit gewinnen." Dann könnte sich das Tandempaar endlich einmal wie geplant zu einem Museumsbesuch oder einem Kinoabend verabreden. Sie hätten es sich verdient.

Wie Anke Lindner engagieren sich viele andere Bahner:innen ehrenamtlich – nicht nur beim Arbeitgeber, sondern auch in ihrer Freizeit. 2016 hat die Deutsche Bahn Stiftung ein Programm ins Leben gerufen, um dieses bürgerschaftliche Engagement zu unterstützen. Stefan Herfurth ist einer der Mitarbeitenden, die eine Förderung durch „Ehrensache" erhalten.   X

DAS PROGRAMM EHRENSACHE

Wenn in den Teeküchen der Stellwerke mal wieder ein großer Fruchtkorb, mehrere Liter frische Milch oder ein leckeres neues Teesortiment stehen, dann wissen die Mitarbeiter:innen, dass Fahrdienstleiter Stefan Herfurth seine Schicht angetreten hat. Der Eisenbahner aus ▸▸

SUKI – SOZIALLOTSEN

Das Projekt SUKI (Soziale und kulturelle Integration) hilft Mitarbeitenden mit Flucht- oder Migrationserfahrung, sich sozial und kulturell in den Alltag einzuleben. Neben kostenfreier, individueller (Rechts-)Beratung rund um die Themen Asyl, Aufenthaltstitel, Wohnungssuche, Familie und Weiterbildung stellt SUKI den Mitarbeitenden sogenannte „Soziallots:innen" zur Seite – Bahnmitarbeitende, die die neuen Kolleg:innen ehrenamtlich bei Alltagsfragen begleiten.

Leidenschaft engagiert sich in seiner Freizeit ehrenamtlich bei The Good Food. Sein Motto: „Es geht darum, die Momente im Alltag zu ändern, die man ändern kann. Man muss nur anfangen."

The Good Food ist ein Ladenkonzept mit mittlerweile fünf Standorten in Köln, das sich der Rettung von Lebensmitteln verschrieben hat. Hier werden Lebensmittel, die das Mindesthaltbarkeitsdatum überschritten haben, sowie Obst und Gemüse, das nicht den gängigen Schönheitsstandards entspricht, verkauft. Zu kleine Tomaten, krumme Gurken, Äpfel mit Schorf. Rund 30 Prozent der Ernte landet in Deutschland normalerweise nicht auf dem Teller, sondern in der Tonne, weil sie nicht der Norm entspricht. Bei The Good Food zahlen die Konsument:innen, was ihnen die krummen Köstlichkeiten wert sind. „Unsere Kundschaft wird zur Reflexion über den Wert von Lebensmitteln angeregt und kann einen Beitrag zu einem nachhaltigen Lebensstil leisten", erklärt Herfurth. „Unser praktischer Einsatz geht aber darüber hinaus, denn wir fahren auch selbst bei unseren kooperierenden Landwirten auf die Felder und machen die Nacherente. Somit kann oft lokal, saisonal und ‚gerettet' eingekauft werden."

Für Stefan Herfurth sind die verschmähten Lebensmittel ein Beispiel für mangelndes gesellschaftliches Bewusstsein für Nachhaltigkeit: „Essen ist bei uns im Überfluss vorhanden. Lebensmittel waren noch nie so günstig wie heute und noch nie war der Bezug zur Herkunft für die Verbraucher so abstrakt. An Lebensmitteln lässt sich auch die exzessive Verschwendung von Ressourcen ablesen, sei es in der Herstellung, dem Verkauf oder in unseren Kühlschränken." Die tatsächliche Dimension der Verschwendung sei, so Herfurth, für ihn kaum fassbar. „Letztens habe ich ausgerechnet, dass alleine The Good Food einen kleinen Güterzug voller Lebensmittel pro Jahr rettet – und das ist nur ein Bruchteil vom Ganzen."

Unterstützung erhält Stefan Herfurth über das Programm Ehrensache der Deutsche Bahn Stiftung. Hier können sich Mitarbeitende, die in ihrer Freizeit für eine als gemeinnützig anerkannte Organisation ehrenamtlich tätig sind, um eine finanzielle Förderung für ein konkretes Projekt bewerben. Eine Jury entscheidet über die Vergabe auf Basis fester Kriterien. Die Förderung fließt als Spende in das jeweilige Vorhaben und kommt damit der Organisation zugute. 690.000 Euro Fördergelder gingen zwischen 2016 und 2021 bereits an Projekte, in denen sich Mitarbeitende engagieren. Rund 1.100 gemeinnützige Vorhaben wurden auf diese Weise unterstützt. Ob Jugendarbeit, Geflüchtetenhilfe, Sport-, Kultur- oder Nachhaltigkeitsprojekte wie das von Stefan

PROGRAMM EHRENSACHE

Seit 2016 fördert die Deutsche Bahn Stiftung Mitarbeitende, die sich in ihrer Freizeit ehrenamtlich engagieren, bei der Umsetzung konkreter Projekte. Einzelvorhaben werden mit bis zu 700 Euro gefördert, an Teams gehen bis zu 2.000 Euro. Die Bandbreite der Engagements reicht von Jugendarbeit über Sport, Kultur, Umwelt, Gesundheit und Geflüchtetenhilfe bis zu Bürgerengagement und freiwilligen Diensten wie Feuerwehr oder Rettungsdienste. The Good Food ist eines davon.

DIE TATSÄCHLICHE DIMENSION DER VERSCHWENDUNG UNSERER LEBENSMITTEL IST KAUM FASSBAR.

Stefan Herfurth

Herfurth – die Bandbreite des gemeinnützigen Engagements ist groß.

„Mit der Unterstützung durch die Deutsche Bahn Stiftung ist es uns möglich, eine Verbesserung in der Logistik und Distribution von The Good Food zu erreichen", berichtet Herfurth. Dank eines Pritschenaufbaus für das Lastenrad könne der Transport von geretteten Lebensmitteln nun sicherer, effizienter und schneller als bisher erfolgen. „Dafür bin ich der Deutsche Bahn Stiftung sehr dankbar!" Das Gute mit dem Nützlichen zu verbinden ist so etwas wie ein roter Faden im Leben des Eisenbahners: „Mein Ehrenamt in der Logistik und Distribution bei The Good Food unterscheidet sich von meinem Job bei der Bahn, aber beide Tätigkeiten ergänzen sich in dem Gefühl, jetzt etwas für die Zukunft zu tun." **X**

Stefan Herfurth ist Fahrdienstleiter und Bahner aus Leidenschaft. Ebenso leidenschaftlich setzt er sich für nachhaltigen Lebensmittelkonsum ein.

Für Martin Seiler, Vorstand Personal und Recht der Deutschen Bahn, sind alle drei Projekte Ausdruck einer gelebten Unternehmenskultur, die gesellschaftliche Verantwortung großschreibt: „Viele Kolleg:innen der DB engagieren sich ehrenamtlich und leisten damit einen wertvollen Beitrag für den Zusammenhalt unserer Gesellschaft. Sie beweisen Teamgeist, Einsatzbereitschaft und tragen die Werte der DB weit über die Bahngrenzen hinaus. Ihr Engagement braucht Anerkennung und Wertschätzung, damit es nicht verloren geht. In den DB-internen Projekten Ehrensache und SUKI bündeln wir dieses Engagement und fördern es auch finanziell. Mit SCORING GIRLS* machen wir uns auch außerhalb der DB für Diversität und soziale Mobilität stark. Allen Kolleg:innen, die sich einsetzen und den gesellschaftlichen Auftrag der DB – Menschen, ganz gleich welcher Herkunft, zu verbinden – persönlich mitgestalten, gebührt an dieser Stelle mein ausdrücklicher Dank."

DIVERSITY WIRKT

STUDIEN ZEIGEN: VIELFALT BRINGT UNTERNEHMEN VORTEILE.

MIT DIVERSITY ZUM ERFOLG!

„Diversity bringt konkrete Vorteile für meine Organisation."

67%
Nicht-Unterzeichner:innen*

97%
Unterzeichner:innen*

DIVERSITY RECHNET SICH!

50%
des in Deutschland prognostizierten Fachkräftemangels können laut der Unternehmensberatung McKinsey durch personelle Vielfalt in Unternehmen abgefedert werden.

*der Charta der Vielfalt.

Quellen:

DIVERSITY TRENDS. DIE DIVERSITY-STUDIE 2020, Charta der Vielfalt, S.3, 8 und 9, www.diversity-trends.de/#diversity bzw. #kultur bzw. #soziale-herkunft,

Charta der Vielfalt, **FACTBOOK DIVERSITY**, März 2020, S. 28, https://bit.ly/3pZXgWT,

THE MIX THAT MATTERS. INNOVATION THROUGH DIVERSITY, The Boston Consulting Group, Februar 2017 http://media-publications.bcg.com/22feb2017-mix-that-matters.pdf;

(Zugriff am 08.11.2021)

DIVERSITY FÜHRT ZU INNOVATION

Welche Faktoren verstärken die diversitygeleitete Innovationsfähigkeit?

68% Partizipative Führung

62% Offenheit gegenüber kognitiver Diversity

56% Strategische Priorität auf Diversity

DEM POPULISMUS ETWAS ENTGEGENSETZEN

„Das Bekenntnis zu Diversity ist angesichts populistischer Tendenzen notwendig."

55% Nicht-Unterzeichner:innen*

81% Unterzeichner:innen*

SOZIALE HERKUNFT – TÜRSTEHER IN DIE BERUFSWELT?

„Ob man beruflich erfolgreich ist, hat jede:r selbst in der Hand."

37% Nicht-Unterzeichner:innen*

12% Unterzeichner:innen*

JA NEIN

JA NEIN

Das wird man doch wohl noch mal sagen dürfen … oder etwa nicht? Eine Kontroverse über Meinungsfreiheit und diskriminierte Minderheiten

Ein Streitgespräch

PROF. DR. ULRIKE ACKERMANN

ist Gründerin und Direktorin des John Stuart Mill Instituts für Freiheitsforschung. Sie mahnt, dass durch Kollektivierungsprozesse die Vielfalt der Meinungen schrumpft. Ackermann wirbt für einen Dissens unter zivilisierten Bedingungen.

DR. STEVIE SCHMIEDEL

Die Genderforscherin gründete die Nichtregierungsorganisation Pinkstinks Germany, um gegen Sexismus und Gender-Stereotype zu kämpfen. Sie steht für einen „Feminismus mit Liebe", der Verständigung erzielt.

PROF. DR. ULRIKE ACKERMANN

WIDER DIE SCHWEIGESPI-RALE: WAS WIR BRAUCHEN, SIND MEINUNGSVIELFALT UND ZIVILISIERTER STREIT

Die großen gesellschaftlichen Debatten werden heute nicht mehr aus der politischen Mitte heraus geführt, sie entzünden sich von den Rändern her und münden fast umgehend in Polarisierungen. Obwohl das ideologische Rechts-Links-Schema überwunden schien, greift es immer noch.

Die Polarisierungen in diesen Debatten sind flankiert von einem wachsenden Moralisierungsdruck. Denkverbote und ideologische Scheuklappen machen eine argumentative und rationale Auseinandersetzung mit den gegenwärtigen Krisen und Herausforderungen immer schwieriger.

Die Selbstzweifel an der Erfolgsgeschichte unserer Zivilisation bis hin zum westlichen Selbsthass, werden immer lauter. Sie sind nicht nur rechten und linken Rändern eigen, sondern zunehmend in Universitäten, Redaktionen und Kulturinstitutionen beheimatet, wie der Streit über Rassismus und Kolonialismus zeigt. Und dies in einer Situation, in der die über Jahrhunderte mühsam errungenen westlichen Freiheiten und Lebensweisen weltweit unter immer stärkeren Druck geraten sind.

Bereits seit einigen Jahren tobt dieser Kulturkampf, der immer aberwitzigere Züge annimmt. Historische Bücher werden umgeschrieben. Alte Filme werden aus dem Verkehr gezogen, Statuen vom Sockel geholt, berühmte Bilder abgehängt. Die Diskurspolizei ist auch an etlichen

DR. STEVIE SCHMIEDEL

ENDLICH WIRD LAUT AUFGESCHRIEN

Manche sind heute besorgt, wie viele Befindlichkeiten neuerdings beachtet werden müssen. Oft wird ein diktatorischer Zustand beschrieben, in dem sich vornehmlich linke Gruppierungen in einer verbitterten „Opferkonkurrenz" miteinander befinden und man(n) tunlichst aufpassen muss, kein falsches Wort zu nutzen – sonst würde einem der Mund verboten. Das mediale Neuwort „Cancel Culture" klingt bedrohlich: Jetzt ist alles aus! Nichts darf man noch sagen! Unsere Kultur geht den Bach runter – vor allem die Streitkultur!

Ist es wirklich so schlimm? Oder werden hier verständliche, menschliche Ängste vor Veränderung mobilisiert, um Widerstand gegen einen Wandel zu erzeugen, der ohnehin nicht einzudämmen ist? In den vergangenen zehn Jahren ist die individuelle Nutzung von Social Media exponentiell gestiegen und damit auch die Möglichkeit, die mediale Welt zu verändern. Wer vorher schon wütend war oder etwas zu sagen hatte, aber keine Beachtung erhielt, kann sich heute in kürzester Zeit mit gut geschriebenen Beiträgen Gehör verschaffen. Beiträge, die früher kaum ein meist von männlichen, weißen Chefredakteuren geführtes Blatt gedruckt hätte. Auch heute noch haben wir mehr Männer, die Thomas heißen, als Frauen in der Führung von großen Unternehmen und Medien, aber der Protest dagegen ist angeschwollen – und er ist divers. Neben einer eher konservativ-islamkritischen „Emma" haben wir pressestarke links-feministische Magazine und ▸▸

Universitäten unterwegs. Die „Cancel Culture" greift um sich. Es sind Eingriffe zugunsten eines vermeintlich gerechten, politisch korrekten Regimes, das es jeder Ethnie, jedem Geschlecht und jeder Religion recht machen will. Verletzte Gefühle einer Gruppe wiegen plötzlich schwerer als die Prinzipien und Ausübung der Kunst-, Wissenschafts- und Meinungsfreiheit. Obwohl doch gerade sie Antrieb und Resultat eines jahrhundertelangen Kampfes waren und als hohe Güter unsere Lebensweise auszeichnen.

Inzwischen steht auch schon der Aufklärer Immanuel Kant wegen Rassismus am Pranger, weil er in seinen Frühschriften wie andere seiner Zeitgenossen die weiße „Race" als Vollkommenste der Menschheit ansah. Eine „Kritik der weißen Vernunft" wird deshalb angemahnt. Doch dem späteren Kant verdanken wir gerade die wegweisende Definition von Mündigkeit und die Entfaltung dessen, was die Würde des einzelnen Menschen ausmacht.

Der Ausgang aus der „selbstverschuldeten Unmündigkeit" war die Selbstermächtigung des Individuums, mit dem Ziel seiner Emanzipation aus kollektiven Zwängen, flankiert von Solidarität und Gemeinsinn. Die Errungenschaft aus dieser zivilisatorischen Leistung war die Gleichheit jedes Einzelnen vor dem Recht – gerade unabhängig von Hautfarbe, ethnischer Herkunft, Geschlecht oder Religion. Diese Ideale aus der amerikanischen und französischen Revolution sind bis heute nicht vollständig eingelöst, aber immer noch treibende Kraft für die Ausweitung der Chancengerechtigkeit.

Inzwischen scheint unsere Gesellschaft allerdings auf eine frühere Stufe ihrer Entwicklung zu regredieren, weg vom Ideal des autonomen, selbstbestimmten, aufgeklärten Individuums hin zum Stammesdenken und der Hordenbildung mit gefeierten Anführern.

Blogs. Während Initiativen versuchen, der Öffentlichkeit das N-Wort abzugewöhnen, kursieren Facebook-Posts, auf dem ein Schwarzer Restaurantbesitzer das Wort „Mohr" nicht schlimm findet. Es wird wild gestritten, gehasst und böse kommentiert

× ICH LEBE LIEBER IN EINER WELT, IN DER WIR ÜBER UNSERE VERLETZUNGEN SPRECHEN UND GEMEINSAM VERBESSERUNGEN FINDEN KÖNNEN, ALS IN EINER, IN DER DIESE VERLETZTHEIT BARSCH ALS ‚IDEOLOGISCHE IDENTITÄT' ABGEWERTET WIRD. ×

– das ist neu und unschön. Aber wären Sie darauf gekommen, dass das Z-Wort sich als „ziehender Gauner" übersetzt, wenn nicht

In den sich selbst bestätigenden Communitys, verstärkt durch die neuen Medien, ist ein besorgniserregender Rückfall in den Tribalismus zu beobachten. Die Gesellschaft zersplittert in immer neue Kollektive, die für ihre partikularen Gruppeninteressen kämpfen. Die fremdenfeindliche Identitätspolitik der Rechten favorisiert einen Kollektivismus, der sein Heil in der ethnischen Homogenität der Volksgemeinschaft sieht und die universalistischen Prinzipien der Aufklärung und die Idee einer offenen

× DIE GESESELL- SCHAFT ZER- SPLITTERT IN KOLLEKTIVE, DIE FÜR IHRE PARTIKULAREN GRUPPEN- INTERESSEN KÄMPFEN. ×

Gesellschaft verwirft. Antiwestlich und antiliberal geriert sich aber auch eine Identitätspolitik von links, die an Hochschulen und im Kulturbetrieb zunehmend Raum gegriffen hat.

Eigentlich begann es durchaus emanzipatorisch: Seit den 1970ern schlossen sich mutig Frauen und soziale Minderheiten zusammen, um für ihre Rechte einzutreten. Sie machten auf historische und aktuelle Benachteiligungen aufmerksam und begehrten auf gegen Sexismus und Rassismus. Doch dann breitete sich mit dem Lob der kulturellen Vielfalt und Differenz ein ideologisch gewordener Multikulturalismus aus,

wütende Beiträge dazu entstanden wären, die durch unzählige Timelines gespült wurden? Und kann man da nicht verstehen, dass Roma und Sinti dieses Wort nicht mehr lesen möchten?

Die „Opfergruppen" beschweren sich nicht über Diskriminierungen, die Jahrhunderte zurückliegen. Auch wenn die NS-Verfolgung der Roma und Sinti 75 Jahre her ist, sind Vorurteile gegen sie noch lange nicht aus den Köpfen verschwunden. Auch wenn Sklaverei längst abgeschafft ist, sehen wir nicht nur an aktuellen Diskussionen um Polizeigewalt, wie viel schwerer es Schwarze Menschen in dieser Welt immer noch haben. Sind sie deshalb als Individuen minder privilegiert? Nein. Dem einzelnen krebskranken, alten, verarmten weißen Mann geht es im Vergleich mit dem jungen, fitten und wohlhabenden Schwarzen Menschen sicherlich schlechter. Aber im Gros sind es weiße, ältere Männer, die in Deutschland am meisten Geld verdienen und politisch das Sagen haben. Und wenn man es wissen möchte, liest man genug aktivistische Stimmen, die deshalb nicht ständig aggressiv „Check deine Privilegien!" brüllen, sondern immer wieder mit Muße versuchen zu erklären, warum weiblich gelesene Personen, Schwarze bzw. Menschen of Colour in unserer Gesellschaft noch immer strukturell diskriminiert werden und wie man das ändern könnte.

Ja, es gibt auch die, die laut und wütend brüllen. Manchmal vielleicht, weil die Unterstützung einer diskriminierten Minderheit dieser Person eine oppositionelle Identität verschafft, die ihr guttut. Das kann nicht ausgeschlossen werden. Mindestens genauso oft jedoch brüllen manche, weil sie den Kampf satthaben, weil es schmerzt, diskriminiert zu werden oder andere diskriminiert   ▶▶

der die freiheitlichen Errungenschaften der westlich-europäischen Zivilisation zunehmend relativierte. Immer neue soziale Gruppen, die sich als Opfer von gesellschaftlicher Diskriminierung verstanden, entwickelten ihre jeweils unterschiedlichen Opfernarrative und forderten besondere Rechte für sich. Eine regelrechte Opferkonkurrenz entstand.

Ihr jeweiliger Bezugspunkt ist eine kollektive Identität: Frauen, sexuelle Minderheiten, die LGBTQ-Community, Migranten, ethnische und religiöse Minderheiten. Es geht dabei um Wiedergutmachung erfahrenen Leids und den unbedingten Wunsch nach sozialer und kultureller Wertschätzung.

Entstanden ist daraus über die Jahrzehnte eine ausgeprägte Identitätspolitik, die ausdrücklich die jeweils kollektive religiöse, kulturelle, sexuelle und ethnische Zugehörigkeiten ins Zentrum stellt. Nicht für Individuen werden Rechte eingefordert, sondern für die jeweiligen Opferkollektive, die in einem lautstarken moralisierenden Feldzug gegen die sogenannte Mehrheitsgesellschaft Sonderrechte beanspruchen, um bisherige gesellschaftliche und historische Benachteiligung zu kompensieren. Wenn aber ständig in Täter- und Opferkategorien gedacht und agitiert wird, schwindet der gesellschaftliche Zusammenhalt immer mehr und leistet weiterer Polarisierung Vorschub. Hauptfeind Nr. 1 ist der alte, heterosexuelle, weiße Mann, der entmachtet werden soll.

Erschreckend sind die Rigidität und Wut, die diese Politik begleiten: Sprache, Geschichte, Bücher, Plätze, Erinnerung sollen von allem Bösen gereinigt werden. Es bedeutet letztlich eine Entsorgung der Vergangenheit. Und der „Schuldkomplex" (Pascal Bruckner) verleitet angesichts der Gräuel des Kolonialismus

zu sehen. Ebenso laut brüllt dann der eine oder andere weiße Kommentator zurück, weil er andere Frustrationen loswerden möchte. Aber neben diesen brüllenden Extremen gibt es unzählig viele Zwischentöne. Menschen, die argumentieren, die Hamburger Bismarckstatue stehen zu lassen, aber mit einer kritischen Auseinandersetzung seiner kolonialistischen Politik zu versehen. Oder eine moderne, progressive Person dazuzustellen. Menschen, die die Uni-Vorlesung eines AfD-Politikers zulassen wollen, aber nur, wenn es gut sichtbare Triggerwarnungen für jene gibt, die von seiner Politik diskriminiert werden. Dozent:innen, die Immanuel Kants Errungenschaften loben und gleichsam kritisch beleuchten, wie er die Rassismen seiner Zeit reproduzierte.

Emotionen sind anstrengend, und es strengt an, sich in andere hineinzufühlen. Wer möchte schon ständig hören, dass anderen etwas weh tut, zum Beispiel, kein Gehör zu bekommen? Warum genau welche Gruppe wie argumentiert, hat vielschichtige Gründe. Wer kann, sollte zuhören, nachfragen und daraus seine eigene Meinung bilden: Das ist die Chance unserer neuen, wütenden Zeit. Ich werde als weiße Frau nie ganz verstehen, wie es sich anfühlt, als Schwarze Frau diskriminiert zu werden. Ich werde nicht verstehen, wie schmerzhaft es für einen alten, weißen Mann ist, seine Wirkmächtigkeit zu verlieren. Wir sind durch die Flut der Informationen begrenzt in unserer Empathiefähigkeit für alle Verletzten. Die einfache Lösung wäre zu sagen „Die stellen sich alle an!" oder „Das ist reine Ideologie!" (Spoiler der Kulturwissenschaftlerin: Alles ist Ideologie.) Es ist eine andere Lösung, auszuhalten, wie komplex die Welt geworden ist. Auszuhalten, dass wir nicht immer und sofort allen gerecht werden können oder wollen. Das kann

und der Sklaverei zu paternalistischer Über-kompensation gegenüber den nachgebore-nen „Opfern" – angetrieben vom Wunsch, die Schuld zu tilgen. Vermeintliche Täter und ver-meintliche Opfer bleiben so in einer rezipro-ken, komplizenhaften Dynamik gefangen, die einer sachlichen Aufarbeitung der Geschichte im Wege steht.

Die Erfolgsgeschichte der westlichen Zivilisa-tion hat uns über die Jahrhunderte den bes-ten Lebensstandard, den wir je hatten, be-schert, Partizipation und Freiräume erweitert. Freilich begleitet von grauenhaften Kämpfen, Katastrophen, Diktaturen, kolonialen Verbre-chen, vielen Irrtümern und Inkonsequenzen. Wir können diese widersprüchliche Geschichte nicht glattbügeln oder retuschieren. Wir müs-sen mit ihr leben. Denn: „Aus so krummem Holze, aus dem der Mensch gemacht ist, kann nicht gerades gezimmert werden." (Immanuel Kant).

Um dem Furor dieses identitären Fundamen-talismus, der von Rechten, Linken und Islamis-ten gleichermaßen bedient wird, entgegenzu-treten, brauchen wir lebendige Debatten, die unterschiedliche Standpunkte zulassen. Ambi-valenzen, den Mut zum Widerspruch, all dies macht erst einen zivilisierten Streit aus. Den brauchen wir dringend, um dem stärker gewor-denen Konformitätsdruck zu begegnen und die Grenzen des Sagbaren wieder zu öffnen. Nicht die Herkunft der Sprechenden ist entschei-dend, sondern ihr Austausch der Argumente.

Die Austragung von Konflikten, die Pluralität der Meinungen und Interessen, das Austarieren von Gemeinsinn und individueller Freiheit zeich-nen unsere liberalen, offenen Gesellschaften aus. Die Meinungsfreiheit mutig praktizieren, heißt, um neue Ideen zu streiten, um zu den besten Lösungen zu gelangen.   **X**

man Ohnmacht oder Egoismus nennen, sich dafür zermartern oder nicht. Ich lebe lieber in einer Welt, in der wir über unsere Verletzun-gen sprechen und gemeinsam Verbesserungen finden können, als in einer, in der diese Ver-letztheit barsch als „ideologische Identität" abgewertet wird.

Wenn jeglicher Wunsch nach Umbenennung von Straßen oder Auslassen von rassistischen oder sexistischen Beleidigungen als radikale Forderung nach Abschaffung bestimmter Aspekte aus unserer Kultur oder Sprache dargestellt werden, ist das ein wenig, wie jeglicher Kritik an der Corona-Politik gleich Corona-Leugnung zu unterstellen. Die De-batten sind differenzierter, als von Medien und Gegenseite oft dargestellt. Es gibt, wie so oft, beides: In Bristol wurde eine koloni-alistische Statue bei einer Demonstration vom Sockel gestürzt (was übrigens der Großteil der Stadtbewohner:innen befürwortete), anderswo wird ausdauernd diskutiert, ob geschichtliche oder gewohnte Begriffe, Beschreibungen oder Bilder noch notwendig sind. Bei der „Hamburger Morgenpost" zum Beispiel ist es den Journalist:innen überlassen, ob und wie sie gendern möchten. Das ergibt ein sehr diverses Bild. Und erinnern Sie sich noch? Als in den 1970ern die Forderung aufkam, den Begriff „Fräulein" aus unserem Sprachschatz zu bannen, fanden viele das überzogen. Heute vermisst es kaum eine Frau, so genannt zu werden. Die meisten sind froh darum, nicht mehr klein geredet zu werden.

**Wir schaffen das schon, gemeinsam!
Es wird weh tun, und auch Privilegierte dür-fen aufschreien. Derweil ist jedoch ein neuer, demokratischer Prozess in Gang, an dem viele Menschen teilhaben. Auch wenn er an-strengt, sollten wir ihn begrüßen.   X**

MÄCHTIGER

Prof. Dr. Steffen Burkhardt

ORT DES

AUSTAUSCHS

Nie zuvor war es einfacher, mit der eigenen Haltung ein Massenpublikum zu erreichen. Die sozialen Medien geben Minderheiten eine Stimme – und schaffen aufgeheizte Polarisierungsspiralen. Über das Dilemma des erstaunlichsten Kommunikationswerkzeugs der bisherigen Weltgeschichte.

Eines der ersten Beispiele für digitalen Aktivismus schufen asiatisch-amerikanische Studierende im Jahr 2002. Sie tauschten sich damals im Internet über ihre Diskriminierungserfahrungen aus und begannen, über frühe Social-Media-Plattformen wie AsianAvenue.com, Code-Foren wie YellowWorld.org und E-Mail-Verteiler gemeinsame **Proteste gegen Rassismus** zu koordinieren.

Unter ihnen war auch Phil Yu, Absolvent der Northwestern University, der in seinem Blog „Angry Asian Man" diskriminierende T-Shirts der Modemarke Abercrombie & Fitch kritisierte. Auf die Kleidungsstücke waren Karikaturen mit stereotypisierenden Darstellungen asiatischer Menschen gedruckt. Yu und seine Mitstreiter:innen thematisierten das diskriminierende Verhalten des Modekonzerns in der entsetzten Öffentlichkeit und Abercrombie & Fitch war gezwungen, den Verkauf der Shirts einzustellen. Die jungen Asian Americans waren nicht länger eine Minderheit ohne Stimme. Sie formten ein **digitales Kollektiv**, das mit seiner Haltung konsequentes Handeln fordern konnte. Ihr Internetprotest sollte eine Lehre sein: Hätte Abercrombie & Fitch früher begonnen, sich mit anderen Haltungen als denen seiner weißen Führungsriege auseinanderzusetzen und durch Diversity Management eine klügere Personalpolitik betrieben, wäre die Eskalation vermeidbar gewesen. Der Konzern hatte – wie so viele – beim wertschätzenden Umgang mit Andersartigkeit versagt.

Das Verhalten der Gruppe um Phil Yu offenbart zudem ein weiteres zentrales Merkmal des digitalen Aktivismus: Eine öffentlich eingenommene Haltung ist im Kern ein **handlungsleitender Code**. Die Positionierung der jungen Aktivist:innen war ein Stein des Anstoßes, der den internationalen Modekonzern zum Handeln gezwungen hatte. David gewann gegen Goliath.

Kein anderes Kommunikationswerkzeug der Weltgeschichte bietet einen so niedrigschwelligen und gleichzeitig mächtigen Ort des Austauschs für Menschen unterschiedlicher Klassen und Kulturen wie das Internet. Nie zuvor war es für sie einfacher, Zugang zu Andersdenkenden zu finden, Argumente auszutauschen, voneinander zu lernen und sich zu vernetzen.

Das gilt insbesondere für die digitalen Social Media. Während frühe Plattformen wie das Bulletin-Board-System (1978) und Classmates (1995) noch keine massenhafte Kommunikation ermöglichten, wurde das um die Jahrtausendwende mit neuen Interaktionsangeboten möglich, die häufig **in atemberaubendem Tempo** millionenfach Nutzer:innen gewannen: Plattformen wie ICQ (1996), YouTube (2005), Twitter (2006) und TikTok (2016) und vielen anderen. Jüngere Menschen sind mit diesen Angeboten so selbstverständlich aufgewachsen wie vorherige Generationen mit dem Farbfernsehen.

2007 schlug der amerikanische Blogger Chris Messina im Kurznachrichtendienst Twitter die Nutzung des Rautezeichens (#) mit Schlagwörtern vor, um Themen zu markieren und Gruppen zu bilden. Mit steigendem Bekanntheitsgrad dieser Kennzeichnungsmethode, die unter anderem für Twitter-Nachrichten über die verheerenden Waldbrände in Südkalifornien 2007 benutzt wurde, verlinkte der Kurznachrichtendienst ab 2009 alle Hashtags. Der **Hashtag-Aktivismus** war geboren und mit ihm erfolgreiche Social-Media-Kampagnen zu wichtigen Themen wie #OccupyWallStreet (2011) über kapitalistische Ungerechtigkeit, #aufschrei (2013) über Alltagssexismus, #BlackLivesMatter (2013) über Gewalt gegen Schwarze bzw. People of Color, #NotJustSad (2014) über Depressionserkrankungen, #WhyISaidNothing (2015) und #MeToo (2006/2017) über sexuelle Übergriffe und Belästigung sowie #FridaysForFuture   ▶▶

(2018) über Klimaschutz. Internetnutzer:innen, die ihre Haltung mit Hashtag in sozialen Medien artikulieren, partizipieren so an internationalen Bewegungen, die nationale Grenzen überwinden.

Mit der Verschlagwortung können auch Bewegtbilder markiert werden. So veröffentlichten Bürger:innen beispielsweise unter dem Hashtag #BlackLivesMatter Videos von rassistischer Polizeigewalt auf Twitter, um das **strukturelle Problem zu dokumentieren**, das von den Behörden geleugnet wurde. Für viele Weiße wurde die brutale Staatsgewalt gegen Schwarze und People of Color (BPoC) durch diese Zeitdokumente erstmals sichtbar, sodass sie mithilfe von Social Media ein Verständnis und eine solidarische Haltung entwickelten.

✕ EINE HAL- TUNG GEGEN- ÜBER DEN ALGORITHMEN ENTWICKELN ✕

Alle Social-Media-Aktivist:innen treten für ihre Haltung ein, jedoch in einer spezifischen Form onlinebasierter, vernetzter Öffentlichkeiten, deren vier Besonderheiten von der amerikanischen Medienwissenschaftlerin Danah Boyd als Persistenz, Duplizierbarkeit, Skalierbarkeit und Durchsuchbarkeit beschrieben wurden.

Persistenz heißt, dass unsere Positionen im Internet dauerhaft gespeichert werden. Das gilt freilich auch für Gegenmeinungen, persönliche Attacken und Falschinformationen über uns, die nicht einfach verschwinden. Daher erfordert es immer auch **Mut, im Netz den eigenen Standpunkt öffentlich zu vertreten**, und Solidarität, denen beizustehen, die diesen Mut aufgebracht haben und unfair angegriffen werden.

Duplizierbarkeit bedeutet, dass unsere Informationen kopiert und in andere Kontexte übertragen werden können. So ist ein **Missbrauch von Inhalten** wie persönlichen Fotos oder Daten zum Cybermobbing und Cyberbullying möglich. Nicht wenige Aktivist:innen erleben, dass sie zum Beispiel durch sexualisierte Foto- oder Videomontagen in sozialen Medien bloßgestellt und mundtot gemacht werden sollen. Dabei kommen auch sogenannte Deepfake-Techniken zum Einsatz, bei denen durch künstliche Intelligenz authentisch wirkende Audio- und Videomanipulationen entstehen. Es ist wichtig, die sexuell diffamierenden Inhalte nicht einfach zu ignorieren, sondern sie bei den Plattformverantwortlichen anzuzeigen, um die Opfer zu schützen.

Skalierbarkeit verweist auf eine prinzipiell uneingeschränkte Größe der Zielgruppe von Social-Media-Beiträgen. So versenden zum Beispiel Rechtsextremist:innen via WhatsApp, Telegram und anderen Messengerdiensten scheinbar lustige Bilder oder emotionalisierende Filme, um **Stimmung gegen Minderheiten** zu machen. Vor allem in der politischen Kommunikation kommen seit 2010 zunehmend auch Social Bots zum Einsatz. Das sind Software-Anwendungen zur Multiplikation von Beiträgen, die Bedeutung durch vermeintliche Popularität suggerieren. So entstehen **gefühlte Realitäten**, die wenig mit der tatsächlichen Haltung der Bevölkerung zu tun haben. Auch wenn die Zielgruppen skalierbar sind, beteiligt sich immer nur ein nichtrepräsentativer Teil der Bürger:innen an Online-Diskursen. Soziale Medien bieten zwar die Möglichkeit des Austausches von Standpunkten und helfen bei der Reflexion der eigenen Haltung, bilden die öffentliche Meinung aber nur verzerrt ab.

Durchsuchbarkeit beinhaltet die Möglichkeit, dass eigene Standpunkte von Suchmaschinen oder anderen Softwareanwendungen gezielt gesucht und themen- oder personenbezogene Profile erstellt werden können. Nicht nur Wirtschaftsunternehmen und Parteien nutzen dieses Social Listening, um Zielgruppen zu studieren und ihre Produkte oder Wahlprogramme zielgruppenadäquat zu verkaufen. Gleichzeitig ist durch die Durchsuchbarkeit in autoritären Ländern eine **Zensur unerwünschter Haltungen** möglich. Auch aktivistische Gruppen unterschiedlicher Ausrichtungen durchsuchen mitunter gezielt soziale Medien wie zum Beispiel Twitter mithilfe von Hashtags, um unerwünschte Standpunkte zu canceln.

Systematische Bestrebungen zum sozialen Ausschluss können die Ultima Ratio in unüberbrückbaren Interessenkonflikten mit enormem Machtgefälle sein. In den Echokammern sozialer Medien ist aber mitunter eine Cancel Culture entstanden, die auf allen Seiten polarisiert. **Moralische Kollektive** überhöhen dann derart die eigene Haltung, dass nicht mehr nur ein vermeintliches Fehlverhalten kritisiert wird, sondern zum generellen Boykott der verantwortlichen Personen oder Institutionen aufgerufen wird. Verständigung ist nicht mehr möglich. Empörung und Entrüstung treten an die Stelle von Diskurs und Verhandlung. So kann der Callout, der Aufruf zur Veränderung, in den aufgeheizten Aufmerksamkeitsspiralen sozialer Medien zum Dilemma werden. Denn die Algorithmen der Plattformen priorisieren die Beiträge, die besonders starke Reaktionen auslösen, um möglichst viele Nutzer:innen zu binden. Diese **Aufmerksamkeitsökonomie** war für Donald J. Trump bis 2021 ein Erfolgsgarant auf Twitter, bevor der Kurznachrichtendienst das Konto des US-Präsidenten am Ende seiner Amtszeit wegen gezielt gestreuter Lügen und Hassattacken sperrte. An seinem Beispiel ließ sich die kontraproduktive Schattenseite des egalitären Diskurses in sozialen Medien beobachten: die Tendenz zu einer aggressiven Haltung, die in Gewalthandlungen wie den Sturm auf das US-Kapitol umschlug.

Es braucht daher alerte Bürger:innen, die das Potenzial sozialer Medien erkunden und eine Haltung gegenüber den Algorithmen der ausländischen Plattformen entwickeln. Sie werden unsere Verständigung fortan prägen. Die analogen, nationalen Öffentlichkeiten sind Geschichte. Uns bietet sich jetzt die historische Chance, eine **neue Dialogkultur** in den digitalen Kommunikationsarenen des 21. Jahrhunderts zu formen. **X**

PROF. DR. STEFFEN BURKHARDT

ist Direktor des International Media Center und Professor für Medien- und Kulturtheorie, Medienforschung und Medienkompetenz an der Hochschule für Angewandte Wissenschaften Hamburg.

ZWISCHEN CANDYSHOWER & HASSKAPPE

Die sozialen Medien sind ein zweischneidiges Schwert – das erfahren besonders jene, die dort aktiv für ihre Haltung einstehen. Vier starke Persönlichkeiten erzählen, wie sie zwischen Herzchen und Hetze das Internet für sich nutzen.

GEORGINE KELLERMANN

✕ MEINE FOLLOWER*INNEN GEBEN MIR KRAFT! ✕

WDR-Studioleiterin Georgine Kellermann lebte lange Jahre ein Doppelleben. Privat stand sie zu ihrem Frausein, beruflich trat sie in einer Männerrolle auf. 2020 entschloss sie sich zum öffentlichen Coming-out als Transgender-Person. Auf ihrem Twitter-Account nimmt sie Menschen in ihren Alltag mit und bezieht Stellung zu gesellschaftlichen Themen.

Was gab den Anstoß für Ihren Social-Media-Auftritt?
Mir war wichtig, dass meine „Offenbarung" auch ankommt. Dass ich gesehen werde, wie ich bin. Dafür sind Social Media ein großartiger Platz. Ich glaube, dass es meinen „Vorgängerinnen" viel schwerer gemacht wurde, sich in der Gesellschaft zu zeigen und zu behaupten.

Was genau möchten Sie vermitteln?
Dass ich normal bin. Dass Transmenschen normal sind. Nicht normal ist eine Gesellschaft, die sie ausgrenzt und stigmatisiert.

Was ist Ihre Haltung gegenüber Hatern und Trollen?
Ich werde aus Trollen und Hatern nicht schlau. Ich rede nicht mit ihnen. Das führt zu nichts. Was sich ändern muss, ist der laxe Umgang der Social-Media-Unternehmen mit Hatern und Trollen. Twitter, Facebook & Co. haben eine soziale Verantwortung. Dieser werden sie keiner Weise gerecht. Und weil sie das seit Jahren nicht tun, muss die europäische Politik sie endlich zwingen. Mir reicht es. Was auch unmöglich ist: Man kann Facebook & Co. noch nicht einmal erreichen. Es gibt nirgends jemanden, mit dem Frau Kontakt aufnehmen könnte.

Wie gehen Sie ganz persönlich mit Anfeindungen um?
Es gibt gemeinnützige Einrichtungen, die mich unterstützen. HateAid und Hassmelden zum Beispiel. Dafür bin ich sehr dankbar. Im Grunde genommen müssten Twitter, Facebook & Co. diese Einrichtungen finanziell fördern. Sie verdienen Geld mit dem Hass. Dann sollen sie dieses Geld für die Heilung der Wunden und die Verfolgung der Täter*innen ausgeben.

Was gibt Ihnen Kraft weiterzumachen?
Mir folgen auf Twitter inzwischen mehr als 30.000 Menschen. Auf Instagram sind es 3.000. Die alleralllermeisten sind warmherzige, empathische Follower*innen. Das tut gut. Das ist wie ein Wundermittel gegen Hass und Hetze. Dafür sage ich: Danke! ✕

×ICH MACHE KRACH×

NATALIE DEDREUX
ist Journalistin, Bloggerin und Aktivistin. Ihr Themenschwerpunkt ist Inklusion, dafür kämpft sie. Sie schreibt aber auch gerne über ihre Reisen nach Afrika oder in die Ukraine.

Mein Name ist **NATALIE DEDREUX.** Ich bin 22 Jahre alt und habe das Down-Syndrom. Ich schreibe für den Ohrenkuss und auf meiner Website, auf Instagram und auf Facebook.
Und ich mache Interviews bei YouTube.
Mein Beruf ist Journalistin und Aktivistin. Aktivismus kann auch ein Beruf sein.
Ich habe das Down-Syndrom. Das ist was Normales und gleichzeitig was Besonderes. Wir sehen anders aus. Wir sind so geboren. Ich habe eine Trisomie 21. Das Besondere ist es, auf der Welt da zu sein. Ich verstehe nicht, warum davor Menschen Angst haben.
Wir sind cool. Dann sieht man: Hier ist ein Mensch mit Down-Syndrom. Ich mache Krach. Man muss laut sein! Ich setze mich für die Rechte von Menschen mit Down-Syndrom ein. Ich lebe selbständig. Ich kann das! Ich wohne in einer inklusiven WG. Ich habe einen Job. Ich habe eine Beziehung und Freunde. Mein Leben ist echt cool!

> Ich setze mich für wichtige Themen ein.
> Meine Themen sind einige der wichtigsten Themen.

Ich setze mich für Geflüchtete ein, dass sie nach Deutschland kommen können. Sie haben ein Recht darauf! Sie müssen ihre Heimat verlassen. Das ist schwer. Und Deutschland ist sicherer. Darum finde ich: Alle Menschen sollen nach Deutschland kommen dürfen. Zum Beispiel aus Kabul. Da geht jetzt ein Krieg ab. Und Menschen hängen da fest und kommen nicht raus. Da müssen sich die Politiker echt mehr anstrengen.
Für mein selbstständiges Leben brauche ich Leichte Sprache. Eine Sprache, die alle gut verstehen können. Zum Beispiel: Es gibt bis jetzt keine täglichen Nachrichten in verständlicher Sprache. So wie in der Tagesschau. Darum haben wir eine Petition gestartet. 10 Millionen Menschen brauchen leicht verständliche Nachrichten. Hier kann man die Petition unterschreiben: *www.change.org/Tagesschau*.
Leichte Sprache gehört zur Barrierefreiheit. Auf jeden Fall weise ich darauf hin: Menschen mit Behinderung brauchen Leichte Sprache. Es ist wichtig, dass wir das auch alles mitbekommen.
Ein anderes Beispiel: Wir verdienen zu wenig Geld in der Werkstatt. Das scheitert dann am Geld,

davon können wir keine Wohnung bezahlen. Natürlich möchte ich mein Geld durch meine Arbeit verdienen. Das ist wichtig! Von 210 Euro kann niemand leben.
Inklusion scheitert noch an allen Ecken und Kanten. Ich finde: Es wird zu wenig getan für die Inklusion. Das muss den Politikern mal klar sein!

Ich habe mal Angela Merkel getroffen. Es war megawichtig, dass ich ihr meine Frage gestellt habe. Ich habe Angela Merkel gefragt:
„Frau Merkel, Sie sind Politikerin.
Sie machen Gesetze.
Ich bin Redakteurin bei Ohrenkuss.
Der Ohrenkuss ist ein Magazin.
Da schreiben Menschen mit Down-Syndrom - so wie ich.
9 von 10 Babys mit Down-Syndrom werden in Deutschland nicht geboren.
Sie werden abgetrieben.
Ein Baby mit Down-Syndrom darf bis wenige Tage vor der Geburt abge-trieben werden.
Das nennt man Spätabbruch.
Meine Kollegen und ich fragen Sie, Frau Merkel: Wie stehen Sie zum Thema Spätabbruch?
Wieso darf man Babys mit Down-Syndrom bis kurz vor der Geburt noch abtreiben?
Ich finde es politisch nicht gut.
Dieses Thema ist mir wichtig:
Ich will nicht abgetrieben werden, sondern auf der Welt bleiben!"

Es gibt den Bluttest auf Down-Syndrom. Den zahlen die Krankenkassen für viele Frauen. Das finde ich nicht richtig! Es geht hier um Gleichberechtigung für Menschen mit Down-Syndrom. Darum habe ich die Petition gestartet: „Menschen mit Down-Syndrom sollen nicht aussortiert werden." Die kann man immer noch unterschreiben, die läuft weiter. Hier findet man die Petition: *www.change.org/Natalie*
Was mir die größte Sorge macht, ist, dass Babys mit Down-Syndrom das nicht überleben und abgetrieben werden. Die haben keinen Platz in dieser Welt. Das ist nicht gut. Aber: So ist es halt eben nicht. Das ist ungerecht.
Ich verstehe, dass Frauen Angst haben, das nicht zu schaffen, ein Kind mit Down-Syndrom groß-zuziehen, wenn man das schon vorher weiß. Das macht mich betroffen. Würden viele abtreiben, hätte ich jetzt keine Freunde.
Für meine Arbeit reise ich viel. Zum Beispiel in die Ukraine. Da waren wir oft. Auch da sieht es nicht gut aus mit den Rechten von Menschen mit Down-Syndrom. Sie haben dort keine Arbeit. Sie sind den ganzen Tag zu Hause. Das muss sich ändern!
Ich reise viel. Wie gesagt, ich war in Kiew ganz viel, in Afrika war ich auch. Fast überall.
Ich mag mein Leben. Auf jeden Fall macht es Spaß, ein Promi zu sein und einen Preis zu kriegen für meinen Aktivismus. Das ist schon krass. Einen Preis hat Jürgen Dusel mir gegeben. Er kümmert sich für die Bundesregierung um die Rechte von Behinderten.

Es gibt auch Menschen, die ich nicht ok finde: Nazis und die Taliban. Die gehen gar nicht. **X**

In seinem Podcast „Halbe Katoffl" interviewt der
Journalist FRANK JOUNG Deutsche mit nicht deutschen
Wurzeln. Sein Ziel: Stereotype abbauen und
das Gemeinsame erlebbar machen.

×UNS EINT VIEL MEHR, ALS UNS TRENNT×

Was ist die Idee hinter Ihrem Podcast „Halbe Katoffl"?

Mich hat gestört, dass es immer dieselben Narrative gibt, wenn wir Menschen mit Migrationsgeschichte in den Medien begegnen. Entweder geht es um Verbrechen oder um Religion, um sozialen Aufstieg oder Rassismus. Ich dachte, es wäre schön, mal die Zwischentöne zu beleuchten, das ganz „normale" Leben. Und nicht primär auf die Andersartigkeit zu schauen, sondern das Deutschsein als vereinendes Element zugrunde zu legen. Daher der Name „Halbe Katoffl".

Zu Beginn jedes Gesprächs machen Sie einen „Klischeecheck". Was hat es damit auf sich?

Ich bin selbst nicht frei von Stereotypen. Beim Thema Syrien denke ich zum Beispiel auch erst einmal an Armut, Krieg und Flucht. Mit dem Klischeecheck hake ich gleich zu Beginn des Gesprächs alle Assoziationen und Vorurteile ab, die ich selber habe, damit ich mit meinen Gäst:innen danach freier über deren persönliche Gefühle, Erfahrungen und Erlebnisse sprechen kann. Hinter Stereotypen sollten Fragezeichen stehen und keine Ausrufezeichen. Es geht auch darum, sich selbst zu hinterfragen. Beim Zuhören merkt man dann oft, dass man sich manche Dinge ganz anders vorgestellt hatte.

Ihre Gespräche sind witzig, aber nie verletzend. Wie schaffen Sie es, nicht in Fettnäpfchen zu treten?

Das ist natürlich auch schon passiert, das geht schneller, als man denkt. Bei der Konzeption von Halbe Katoffl habe ich in Zusammenarbeit mit meiner Frau Simone, die transaktionsanalytische Beraterin ist, die den Gesprächen zugrunde liegende Haltung festgelegt. In der Transaktionsanalyse spricht man von der „Ich bin o.k. – du bist o.k.-Haltung", also einer Begegnung auf Augenhöhe, bei der mein Gegenüber und ebenso ich selbst als grundsätzlich in Ordnung und wertvoll angenommen werden.

Gespräche, wie ich sie führe, kann man ohne diese Grundhaltung nicht machen. Ich versuche möglichst vorurteilsfrei und empathisch auf meine Interviewpartner:innen zuzugehen und checke bei mir immer wieder sehr genau – auch bei Witzen –, dass ich niemanden abwerte.

Was möchten Sie gerne mit Ihrem Podcast erreichen?

Ich möchte das Bewusstsein fördern, dass jeder Mensch einzigartig ist, auch in seinem Verhältnis zur eigenen Herkunft. Halbe Katoffln bilden keine homogene Gruppe. Die Erkenntnis, dass wir alle mit Gefühlen und Erfahrungen ausgestattete Individuen sind, ist der Schlüssel dazu, unsere gemeinsame Basis zu erkennen. Uns eint viel mehr, als uns trennt. **X**

×STILLSEIN IST NICHT×

Die deutsch-jüdische Bloggerin **JUNA GROSSMANN** über fehlenden Schutz vor Antisemitismus im Netz und ihren Antrieb, trotz allem weiterzumachen.

Was ist die Idee hinter Ihrem Blog?

Als ich vor 13 Jahren anfing, war ich begeistert von den verschiedenen jüdisch-deutschen Blogs, die es gab: Die waren sehr unterschiedlich, sehr unterhaltsam und niemand schrieb über Antisemitismus. Das war kein Thema, sondern es ging um jüdisches Leben in Deutschland. Ich wollte eine weitere Stimme in dieser kleinen Welt sein. Ich wollte über das schreiben, was mich bewegte. Es war anonym. Es war ein geschützter Raum. Etwa 2014 wurde meine Identität ohne meine Zustimmung offengelegt. Ich musste damit umgehen, hatte aber zunächst nur positive Reaktionen. 2015, im Zuge der Anti-Israel-Demonstrationen, kamen die ersten Hassposts. Andere Bloggende hatten die Erfahrung schon früher gemacht – warum das bei mir anders war, kann ich nicht sagen.

Ich wollte eigentlich nur im klassischen Sinne ein Internettagebuch führen. Das soll es auch weiter sein – selbst wenn ich nicht mehr so frei sein kann und will. Das Netz ist kein geschützter Raum mehr. Und es wurde zudem ein Raum, in dem Menschen sich vermarkten. Das liegt mir fern. Ich schreibe, wenn ich Lust habe – nicht, um damit Geld zu verdienen. Ich schreibe, worüber ich

×ICH KANN UND WILL MEINEN MUND NICHT HALTEN, WENN ICH UNGERECH-TIGKEIT SEHE. ×

möchte und eben nicht nur über vermeintlich jüdische Themen.

Wie gehen Sie mit Hatern und Trollen um?

Ich informiere zunächst einmal die Meldestelle Antisemitismus RIAS. Dort bekomme ich eine Einschätzung, ob etwas justiziabel ist. Dann stelle ich gegebenenfalls Anzeige. Gut ist, dass Betroffene die Adresse von RIAS nutzen können. Das gibt einen gewissen Schutz. Ich persönlich veröffentliche Hasskommentare nicht. Es gibt wenige Ausnahmen, bei denen ich mich im Nachhinein dazu entschieden habe. Ansonsten werden diese Personen bei mir keinen Raum finden. Dennoch bewegt es etwas in mir. Dass ich nicht mehr so frei und ungezwungen schreibe, hat auch damit zu tun. Das Internet hat schon lange seine Unschuld verloren. Ich möchte mein Leben normal leben und nicht an jeder Ecke Gefahr wittern. Dennoch kann und will ich meinen Mund nicht halten, wenn ich Ungerechtigkeit sehe. Ich hoffe aber, zeigen zu können, dass es nicht nur Schwarz und Weiß gibt und dass man manchmal zuhören sollte.

Was treibt Sie an, weiterzumachen?

Ich bin einfach so erzogen worden. Man darf nicht still sein, wenn man Ungerechtigkeit und Hass sieht.

Man darf sich nicht verstecken oder sich auf seine Angst zurückziehen. Ich will mir im Spiegel in die Augen sehen können. Ich habe Privilegien und mit diesen Privilegien kommt Verantwortung – beides ist mir sehr bewusst und ich hoffe, dass ich das erfülle, was meine Ahninnen von mir erwarten und was sie vorlebten. Stillsein ist nicht. Aber auch aus meinem Glauben ziehe ich Antrieb. Haschem – der Herr – hat uns eine Aufgabe gegeben: die diesseitige Welt zu einem guten Ort zu machen, sie zu reparieren. Niemand ist je durch Hass glücklich geworden. **X**

EIN ORT FÜR ALLE

In Berlin bauen drei Weltreligionen gemeinsam
das House of One – ein interreligiöses Lehr- und Gebetshaus,
das auch allen anderen Menschen offenstehen soll.

och ist nicht viel zu sehen am Petriplatz im Zentrum Berlins. Lediglich Reste von historischen Backsteinmauerwerken, die aus dem aufgebuddelten Boden ragen. Fragmente von mindestens vier Petri-Kirchen, die hier seit dem 13. Jahrhundert gestanden haben. Das erste Zeugnis davon geht auf eine Urkunde von 1237 zurück, in der Petrikirchen-Pfarrer Symeon genannt wurde. Sie markiert zugleich das Geburtsdatum Berlins. Nachdem das Terrain zu DDR-Zeiten als Parkplatz genutzt wurde, soll an diesem spirituellen Urort der Stadt nun wieder ein religiöser Bau entstehen. Einer, wie es ihn auf der Welt noch nicht gibt.

PFARRER GREGOR HOHBERG von der zuständigen Marien- und Petri-Gemeinde ist Vater der Idee. Als die Stadt ab 2007 im Rahmen einer archäologischen Grabungskampagne die Überreste der Kirchen freilegte, war ihm und seiner Gemeinde schnell klar, dass an diesem Ort wieder ein sakrales Gebäude entstehen soll. Hohberg: „Wir wollten jedoch nicht einfach nur die Petrikirche wiedererrichten, sondern eine Antwort auf die Frage finden, wie Religion heute auf die Stadt reagieren kann. Denn Berlin ist plural, auch was die Vielfalt der Religionen betrifft." Mehr als 300 Religionsgemeinschaften sind in der Hauptstadt zu Hause. Zu viele für ein einzelnes Haus. Hohberg und seine Mitstreiter:innen schauten deshalb konsequent vom Ort her auf die Fragestellung. „Wir haben überlegt, welche Religionen am längsten in Berlin ansässig sind, und welche heute die stärkste gesellschaftliche Prägekraft haben. Und das sind die drei monotheistischen Religionen. Gleichzeitig haben wir uns von Beginn an in die Verpflichtung genommen, alle anderen ebenfalls mitzunehmen."

Mit Rabbiner Tovia Ben Chorin, **AUF DEN 2015 RABBINER ANDREAS NACHAMA FOLGTE,** beide von der jüdischen Gemeinde zu Berlin, und **IMAM KADIR SANCI** vom muslimischen „Forum Dialog" **FAND PFARRER HOHBERG GEMEINSAM MIT DEM THEOLOGEN ROLAND STOLTE** aus seiner Gemeinde die richtigen Partner für diese Idee. Vor zehn Jahren gründeten die drei Geistlichen einen Verein, der das Startsignal für das Projekt setzte. „Unser gemeinsamer Wunsch ist es, einen Ort zu schaffen, an dem Menschen unterschiedlicher Herkunft, Religionen und Überzeugungen zum Gespräch zusammenkommen können." Dass dabei Reibung entsteht, ist für die Initiatoren eine gewollte Begleiterscheinung. „So etwas kann nicht funktionieren, wenn man immer nur den kleinsten gemeinsamen Nenner sucht. Es ist wichtig, die gewachsenen Unterschiede zu akzeptieren und auszuhalten, solange sie lebensfördernd sind. Und zu begreifen, ▸▸

EINE EINZIGARTIGE INSTITUTION

Das House of One. Hier sollen sich Angehörige unterschiedlicher Religionen, aber auch Menschen, die dem Glauben fernstehen, begegnen. Getragen wird das Projekt von einer Stiftung, es finanziert sich aus Mitteln des Bundes, der Stadt Berlin sowie aus Spenden und einer Crowdfunding-Kampagne.

dass jede Religion kulturelle Ressourcen mitbringt, von der alle profitieren können", erklärt Hohberg das Zusammenspiel von Differenz und Verbundenheit. Ein Kerngedanke sei dabei, die Friedenspotenziale des jeweiligen Glaubens zu heben. In jeder Religion fände sich Motivation für ein friedliches Zusammenleben. „Unsere Verantwortung als Religionsgemeinschaften liegt darin, die eigenen Erkenntnisse darüber für die Gesamtgesellschaft zu nutzen." Erst aus einem friedlichen Miteinander der Religionen könne auch ein friedliches Zusammenleben generell erwachsen. „Es braucht die Erkenntnis, dass wir eine gemeinsame Menschenfamilie sind und uns ein Welthaus teilen, für das wir alle die Verantwortung tragen", so Hohberg.

EIN WELTHAUS soll auch am historischen Berliner Petriplatz entstehen. Ein anspruchsvoller Plan, der die internationalen Teilnehmer:innen des Architekturwettbewerbs 2012 zugleich faszinierte und sie vor drei große Herausforderungen stellte: Das Gebäude sollte sichtbar sakral sein, ohne einer bestimmten Religion zugeordnet werden zu können. Es sollte auf den Grundmauern der historischen Kirchen aufsetzen. Und es sollte Raum für Menschen anderer Religionen bieten – und auch Atheist:innen offenstehen. Der Siegerentwurf des jungen Berliner Büros Kuehn Malvezzi erfüllte alle Anforderungen auf ästhetisch ansprechende Weise: Reduziert auf geometrische Grundformen, umrahmen eine Moschee, eine Kirche und eine Synagoge einen runden Raum der Begegnung, der zum Dialog einlädt. Er bildet das Herzstück des House of One. Das Untergeschoss beherbergt in einer acht Meter hohen Halle die archäologischen Funde; hoch über den Gebetsräumen verbindet ein Turm

DIE GRÜNDER

Pfarrer Gregor Hohberg, Rabbiner Andreas Nachama und Imam Kadir Sancı

ES BRAUCHT DIE ER- KENNTNIS, DASS WIR EINE MENSCHEN- FAMILIE SIND.

Gregor Hohberg

das irdische Hier und Jetzt mit dem Transzendentalen. Eine Aussichts-
plattform lockt mit einem herrlichen Blick über Berlin.

OBWOHL DAS GEBÄUDE noch nicht steht, finden bereits Veranstaltungen
statt. Neben liturgischen Formaten wird auch der „vierte Raum"
bespielt. Zum Beispiel mit einer Veranstaltung zum Thema „Gewalt in
den Religionen" im Berliner Polizeipräsidium, zu dem das House of
One den Philosophen und Religionskritiker Michael Schmidt-Salomon
einlud. „Wir wissen, dass Fehler gemacht wurden und werden, und
wollen uns dieser Diskussion stellen", so Hohberg. Im Deutschen
Theater wurde im Rahmen einer Vorstellung von Lessings „Nathan der
Weise" über Religion und Toleranz gesprochen. Und für das Ferienpro-
jekt „Young House of One" entstand ein Zeltlager auf dem Bauplatz,
in dem sich Schüler:innen jüdischen, christlichen und muslimischen
Glaubens kreativ mit Fragen des Zusammenlebens beschäftigten. „Wir
sind offen und neugierig und versuchen immer wieder, neue Formate
auszuprobieren", erzählt Hohberg. Auch die Nachfrage nach liturgischer
Betreuung sei enorm. Von interreligiösen Paaren etwa, die heiraten wollen
und ein Team aus einem Pastor und einem Imam für ihre Trauzeremonie
suchen. Von Eltern, die ihr Kind segnen lassen möchten, ohne ein Aufnah-
meritual wie die Taufe zu zelebrieren. Anliegen also, die das Zusammenspiel der Religionen konkret im Alltag auf die Probe stellen. „Wir betreten
da oft Neuland", räumt der Pfarrer ein. Es sind spannende Fragen, die die
House of One-Vertreter beschäftigen. Auf der Suche nach Antworten
haben sie eine Arbeitsgemeinschaft gegründet und lassen sich beraten,
etwa von den theologischen Fakultäten der Universitäten **LEIPZIG UND
PADERBORN**. In vier Jahren, wenn das House of One steht, sollen Konzepte
für die wichtigsten Fragestellungen gefunden sein.

47 MILLIONEN EURO soll der einzigartige Sakralbau kosten. Das Land Berlin
steuert zehn, der Bund 20 Millionen Euro bei, auch der Bundestag hat
sich beteiligt. Weitere Großspenden kamen von Berliner Mäzenen. Doch
auch jede:r Einzelne kann sich am Bau des House of One beteiligen.
Ab zehn Euro können Einzelspender:innen symbolische Steine erwerben
und so zu Mit-Erbauer:innen werden. Aus rund 60 Ländern sind bereits
Spenden eingetroffen. „Wir erhalten tagtäglich Spenden, Botschaften
und Reaktionen aus allen Kontinenten. Das gibt uns viel Rückenwind",
freut sich Gregor Hohberg. Für viele Menschen ist das House of One
Vorbild für ein friedlicheres Miteinander. Die Idee beflügelt, etwas
Ähnliches zu schaffen. Mittlerweile gibt es einige Partnerprojekte, etwa
in der Zentralafrikanischen Republik, in Georgien und in Israel. Mit dem
House of One haben die Berliner eine Hoffnung gepflanzt, deren Samen
sich über die ganze Welt verteilt.   **X**

ARCHITEKTUR MIT ANSPRUCH

*Den internationalen
Architekturwettbewerb
für das House of One hat
das Berliner Büro Kuehn
Malvezzi gewonnen. Es
hat sich mit Museums-
und Ausstellungsarchitek-
tur einen Namen gemacht.
Dazu gehören zum Bei-
spiel der Erweiterungsbau
des Museums Hamburger
Bahnhof in Berlin und das
MMK2 des Museums für
Moderne Kunst in Frank-
furt am Main.*

4

FAZIT

BEGEGNUNG Als Gesellschaft müssen wir miteinander aushandeln, wie unsere analoge und digitale Debattenkultur aussehen kann.

Begegnungsstätten, Netzwerkveranstaltungen, Tandems, Vermittlungsrollen zwischen verschiedenen Welten und Momente im Alltag, die man ändern kann: Das alles steht für Begegnungen, bei denen Haltung eine Rolle spielt und die Haltung erlebbar machen.

Begegnungen können auf vielfältige Art und Weise stattfinden. Sie führen auch zu Kontroversen. Der Ton verschärft sich, eine Gruppe erzählt einer anderen, wie man sich verhalten und reden solle. Es ist oft schwer auszuhalten, wie komplex unsere Welt ist. Diejenigen, die auf die Zwischentöne verweisen und auf einen demokratischen Prozess, an dem alle teilhaben sollten, sind vielleicht manchmal nicht so laut zu hören. Lauter sind hingegen oft andere, die für sich in Anspruch nehmen, für „die Allgemeinheit" zu sprechen, und die alleinige Meinungsführerschaft für sich reklamieren. Umso wichtiger sind die Stimmen aller, denn man darf nicht still sein, wenn man Ungerechtigkeit und Hass hört.

Ein besonderes Augenmerk müssen wir aus meiner Sicht auf die Begegnungen im digitalen Bereich legen. Es gilt, auch eine Haltung gegenüber den Algorithmen zu entwickeln. Schon seit Jahren ist eine Zunahme rechter Propaganda und Verschwörungserzählungen im Internet zu beobachten. Es ist eine gesellschaftliche Aufgabe, sie zu erkennen, zu hinterfragen und ihre zu Verbreitung zu unterbinden. Die im November 2020 erschienene Studie „Hate not found?!" des Instituts für Demokratie und Zivilgesellschaft in Jena stellte fest, dass beispielsweise Deplatforming – der dauerhafte Ausschluss bestimmter Gruppen aus einem Netzwerk – deren „Mobilisierungskraft" deutlich einschränkt.

Demokratie findet im digitalen Zeitalter unter veränderten Bedingungen statt. Als Gesellschaft müssen wir aushandeln, wie unsere analoge und digitale Debattenkultur aussehen kann. Menschen haben auch in der Zeit vor Social Media Haltung gezeigt. Durch die Netzwerke und die Tatsache, dass Nachrichten immer überall verfügbar sind, rückt sie jedoch viel mehr ins Öffentliche. Das „Always on" macht es einfacher, Meinungen zu zeigen, etwa mit einem schnellen Post. Aufgrund der Volatilität vieler Ereignisse ist es aber schwieriger, sie zu bewahren. Ich bin dennoch überzeugt, dass sich Haltung lohnt. Denn wie es in einem bekannten Zitat heißt, dessen Ursprung sich leider nicht genau klären lässt: „If you stand for nothing, you will fall for anything." **X**

MARTIN SEILER
Herausgeber

Was können wir tun gegen tief-greifende Verwerfungen in der Gesellschaft?

Dieser Frage haben wir uns in diesem Buch in unterschiedlichen Dimensionen genähert. Eine abschließende Beantwortung ist sicher nicht möglich.

Was ich mitnehme: Unterschiedliche Perspektiven erfordern unsere Aufmerksamkeit. Hören ist nicht gleich Zuhören. In welcher Form auch immer wir uns in der gesellschaftlichen Entwicklung und Diskussion engagieren, es hilft uns in der eigenen Weiterentwicklung und leistet einen Beitrag zu unserem eigenen Glück. Verantwortungsgefühl und Haltung zu zeigen bedeutet eine Gratwanderung zwischen Realismus und Idealismus. Hier ist eine beidhändige Betrachtung von Gegenwart und Zukunft gefragt. Haltung rückt stärker als früher in die Öffentlichkeit, ist durch Social Media volatiler, vielleicht auch schwieriger zu bewahren.

Ihnen ist sicher aufgefallen, dass in dieses Buch viele unterschiedliche, teilweise auch kontroverse Sichtweisen eingeflossen sind. Dieses Buch hat die Intention, für Offenheit gegenüber anderen Perspektiven zu werben und für eine Gesellschaft, die miteinander im Gespräch ist. Eine deutliche Grenze möchte ich jedoch ziehen: Für mich sind Ideen, die mit Gewaltfantasien spielen, außerhalb jeglichen Diskurses. Hier sind Nachsicht und Dialog fehl am Platz. Hingegen ist eine gesellschaftliche Positionierung erforderlich, die Gewalt- oder Umsturzfantasien aufs Schärfste verurteilt. Auch hier ist eine klare Haltung gefragt: die von Ausgrenzung und keinerlei Akzeptanz in der Mehrheitsbevölkerung.

Innerhalb dieser Grenzen sind verschiedene Perspektiven möglich und Haltung kann darin gefestigt sein, aber nie fest, wie ein Teilnehmer unseres Symposiums treffend formulierte. Wir hoffen, es ist uns mit diesem Buch gelungen, einen kleinen Beitrag zum gesellschaftlichen Diskurs in diesem Sinne zu leisten. Die Bewahrung unseres Planeten und die Bekämpfung des Klimawandels werden eine Anstrengung aller bedeuten. Meine Hoffnung ist, dass uns diese gelingt und dass wir es schaffen, ein gemeinsames Leben in Verbundenheit zu führen. Ich bin, weil wir sind. X

Quellen:

Daniel Kahnemann, **SCHNELLES DENKEN, LANGSAMES DENKEN**, https://amzn.to/2Y3U13Q

GRANT AND GLUECK STUDIE, Harvard University, www.adultdevelopmentstudy.org/grantandglueckstudy

Ina Schmidt, **DIE KRAFT DER VERANTWORTUNG,** Edition Körber 2021
www.koerber-stiftung.de/publikationen/shop-portal/show/die-kraft-der-verantwortung-265

Institut für Demokratie und Zivilgesellschaft, **HATE NOT FOUND**
https://www.idz-jena.de/forschung/hate-not-found-das-deplatforming-der-extremen-rechten/

DANKSAGUNG

*So ein Buch ist immer ein Gemeinschaftswerk –
eine Reise, ein Austausch von Ideen, Gedanken und
Ratschlägen.*

*Ich möchte mich bei allen Menschen bedanken, die
diese Reise begleitet haben. Ohne ihre Impulse,
ihren kritischen Blick und ihre Unterstützung wäre
diese nicht möglich gewesen.*

*Mein besonderer Dank gilt: Ronja Chlebowski,
Christine Epler, Jasmin Hungerland, Anne Meyer-
Minnemann, Heiko Roehl und Grit Seidel.
Ein großes Dankeschön auch an alle Autor:innen
und Menschen, die in diesem Buch ihre Gedanken
und Geschichten geteilt und erzählt haben. Ihre
gelebte Haltung ist Inspiration und Fundament für
ein starkes Miteinander. Abschließend danke ich
den Lektor:innen und dem gesamten Team von
Fazit Communication, die es mir ermöglicht haben,
diese Sammlung an Geschichten zu publizieren.
Eine besondere Freude für mich ist der Beitrag von
Felix Bevermann. Damit ist ein gemeinsames Projekt in Erfüllung gegangen.*

ABBILDUNGSVERZEICHNIS

S. 4	picture alliance / AAPimages
S. 15	DB AG / Urban Zintel
S. 18	James Nizam / Gallery Jones
S. 20	plainpicture / Ralf Grossek
S. 21	Fotografie: Ragnar Schmuck, Set Design: Eva Jauss
S. 22	plainpicture / Thordis Rüggeberg
S. 23	Reinhard Hunger
S. 24 – 25	plainpicture / Andrea Christofi-Hunziker
S. 28	Illustration Prof. Dr. Heiko Roehl | Originalfoto: Privat
S. 29	Illustration Martin Seiler | Originalfoto: DB AG / Urban Zintel
S. 30	Illustration Kirsten Fehrs | Originalfoto: Nordkirche / Marcelo Hernandez
S. 30	Illustration Bernd Kessel | Originalfoto: Bo Lahola
S. 31	Illustration Prof. Dr. Ulrike Ackermann | Originalfoto: Alexander Paul Englert
S. 32	Illustration Dr. Stevie Schmiedel | Originalfoto: Yvonne Schmedemann
S. 32	Illustration Andreas Tölke | Originalfoto: Privat
S. 33	Illustration Dr. Jörg Dräger | Originalfoto: Besim Mazhiqi
S. 34	Illustration Prof. Lutz Engelke | Originalfoto: DB / Max Lautenschläger
S. 35	Illustration Ama Walton | Originalfoto: Kaveh Kasravi
S. 36	Illustration Christine Epler | Originalfoto: Deutsche Telekom AG
S. 37	Illustration DüzenTekkal | Originalfoto: Richard Pflaume
S. 37	Illustration Jasmin Hungerland | Originalfoto: Privat
S. 38	Illustration: Claudia Klein
S. 42	Illustration: Claudia Klein / Originalfoto: Sitting Bull von David F. Barry, Bismarck, Dakota Territory, 1883
S. 43	Bo Lahola
S. 44 – 45	picture alliance / Ina Fassbender
S. 48	picture alliance / gumzmedia / nordphoto
S. 49	picture alliance / Ole Spata
S. 55	Max-Planck-Institut / Jan Knoff
S. 56	Getty Images / Chicago History Museum
S. 60	Museum für Angewandte Kunst, Frankfurt a. M. / Marina Ackar
S. 61	Marina Ackar
S. 62	Illustration: Claudia Klein
S. 64	Privat
S. 65	DB AG / Urban Zintel
S. 68	Getty Images / Gamma-Rapho / Alain BUU

S. 71 – 75	Originalfotos: Privat
S. 79	Clemens Porikys
S. 80–81	Evelyn Hockstein
S. 82	Getty Images / SOPA Images
S. 83	oben | picture alliance / Stanislaw Czarnogórski / PAP, unten | Getty Images / Michael Campanella
S. 84	oben | Getty Images / Georges De Keerle, unten | Getty Images / Michelly Rall
S. 85	picture alliance / empics / PA
S. 86	Frank Eidel
S. 92	Illustration: Tim Weiffenbach / Die Illustratoren
S. 95	Richard Pflaume
S. 96, 98	Max Ballhaus
S. 100	Netzwerk Chancen (PR)
S. 103	Phil Dera
S. 105	Niels Starnick
S. 108, 110	Clemens Porikys
S. 111	DB AG / Urban Zintel
S. 119	DB / Max Lautenschläger
S. 120 – 121	Illustration: Claudia Klein
S. 122	Ecosia
S. 123 – 124	Manomama
S. 125	RECUP
S. 126	ZuBaKa
S. 128 – 129	discovering hands
S. 131	Illustration: Tim Weiffenbach / Die Illustratoren
S. 135	GLS Bank / Patrick Tiedtke
S. 137	piomars
S. 138	Illustration: Claudia Klein
S. 143	Privat
S. 145	DB AG / Urban Zintel
S. 148 – 155	Clemens Porikys
S. 156	Illustration: Tim Weiffenbach / Die Illustratoren
S. 160 – 167	Clemens Porikys
S. 170	oben | Alexander Paul Englert, unten | Yvonne Schmedemann
S. 179	Paula Markert
S. 181	WDR / Annika Fußwinkel
S. 182	Britt Schilling
S. 185	Privat
S. 186	picture alliance / Uwe Zucchi
S. 188 – 189	Kuehn Malvezzi Architects / House of One
S. 190	Klemens Renner / House of One
S. 192	DB AG / Urban Zintel

IMPRESSUM

𝔉𝔯𝔞𝔫𝔨𝔣𝔲𝔯𝔱𝔢𝔯 𝔄𝔩𝔩𝔤𝔢𝔪𝔢𝔦𝔫𝔢 Buch

Herausgeber:
Martin Seiler

Idee und Konzept: Martin Seiler, Christine Epler, Prof. Dr. Heiko Roehl
Chefredaktion: Anne Meyer-Minnemann
Redaktion und Projektkoordination: Fazit Communication GmbH, Frankfurt am Main
Marie Kalich, Katharina Petry, Janet Schayan, Dr. Helen Sibum
Wissenschaftliche Leitung: Prof. Dr. Heiko Roehl
Konzeption: Ronja Chlebowski, Jasmin Hungerland, Grit Seidel

Autor:innen: Prof. Dr. Ulrike Ackermann, Prof. Dr. Jens Beckert, Felix Bevermann,
Prof. Dr. Steffen Burkhardt, Beate Chudowa, Harald Czycholl-Hoch, Natalie Dedreux,
Benjamin Kleemann-von Gersum, Bernd Kessel, Constanze Kleis, Dr. Mahret Ifeoma Kupka,
Dr. Richard Lutz, Anne Meyer-Minnemann, Natalya Nepomnyashcha, Prof. Dr. Heiko Roehl,
Dr. Stevie Schmiedel, Simon Schnetzer, Dr. Helen Sibum, Martin Speer,
Prof. Dr. Dr. h.c. mult. Rita Süssmuth, Düzen Tekkal, Maren van Treel

Layout und Gestaltung: Ilga Tick (Art Direction, ilgatick.de), Zarka Ghaffar

Copyright:
Fazit Communication GmbH
Frankfurter Allgemeine Buch
Frankenallee 71 – 81
60327 Frankfurt am Main

Druck: Druckerei Vogl GmbH & Co. KG, Zorneding

Printed in Germany

1. Auflage, Frankfurt am Main 2021
ISBN: 978-3-96251-118-0